日本語の作文技術

新装版

本多勝一

講談社

くれません。書いて出すと、先生はいくばくかの評を書いてくれますが、それは「よく書けましたね」とか、「ここのところはもう少しくわしく書けばよかったね」とかいった印象批評や感想だけです。良い例があると、みんなの前で読んでくれたりします。それもしかし「うまい」からというだけで、どこがどのように「うまい」のかは、内容について解説してくれることはあっても、構文や文章技術としては全く説明なしででした。

中学にすすみますと、文語も口語も文法を教えられましたが、これがまた作文とは何の関係もありません。品詞に分解したり活用を暗記したりばかりで、それでも私は文法が比較的得意の方だったんですけれども、それによって文章が上達したことなど全くなかったと思います。（しかもこの文法たるや、実はまだ学問的に未完成のしろものだったことがのちになってわかってきたのですから、泣きつらに蜂のようなものです。）念のためおことわりしますが、漢字をいくら沢山おぼえても、またいくら古典を暗誦したり旧カナが書けたりしても、そんなことは作文の勉強に直接的には関係ありません。作文は技術であって、記憶力やクイズ式受験への適応能力ではないのですから。この状況は基本的に現在も変わらず、たとえば言語学者・井上和子氏は、この点について次のように触れています。

「われわれの小学校・中等学校時代の作文は、誤字の訂正と、一重丸二重丸などによる評価の印だけをつけて返されたものである。文の組み立て、パラグラフの作り方、論旨のまとめ方についての批評や、指示はほとんどなかった。作文の題は、事物の客観的な描写や、論理的表現を求めるものはほとんどなく、主観的な表現で足りるものが多かった。書きことばによる表現力の指導について、現在ことばの専門家よりも理科系の専門家から、種々の提案が出はじめているようである。客観的に的確な表現力を必要とする学問分野からの当然の要請として積極的に受けとめるべきであろう」(「ことばのしつけ」『言語』一九八〇年七月号)

私たちは新制高校がスタートしたばかりの世代ですが、この学制改革によって作文はさらに一層虐待されるようになりました。つまり、大学入試を含めてさまざまな試験が片端から〇×式に変わっていったのは、このころからであります。

かくて大学を出るまでに、日本語の作文技術に類することは一カケラも習うことなく新聞記者に——こともあろうに作文を職業とする「新聞記者」に——なってしまいました。考えてみると、まことに恐るべきことといわねばなりません。私には子どもが三人いて、いずれも公立の小・中学に通学しましたが、作文技術を教えられたことは一度もありませんでした。私の少年時代と情況は変らないようです。そのくせ外国語なんかだと、どこにコンマをうつべきか、なんてことを実にうるさく教えている。ところが肝腎の日本語では、小学校はもちろん、中学・高校でテンの打ち方をまともに教えることのできる日本語教師が、はたしてどれだけいるでしょうか。いや、これは先生方に責任のあることではないのですから、先生を責めているのでは無論ありません。問題はそのような教育体制にある。

これまでの日本語教育の根幹を流れる方針は、理解力や記憶力ばかり重視し、独創性・創造力・想像力を最も必要とする作文を軽視または無視するというやりかたです。これは政府・権力の命ずることをひたすら「理解」し、要領よく「まとめる」人間、つまり管理される側の人間と、それを管理する側の役人を育てるのには適していますが、みずからの頭でものを考え、独創的な仕事をする人間を育てるのには適していません。だから今の小学校では「綴り方」の時間さえも少なくて、そのかわり「読書感想文」などというものがあるんですね。あれは作文というよりも理解力のテストみたいなもので、あれで作文をやったつもりでいたら噴飯ものというべきでしょう。おかげで読書も嫌いになる。

こうした環境を反映してか、世にある文章作法・作文読本・文章読本の類は、ほとんどが創作論であり、「心がまえ」であり、文体論であって、作文の技術そのものではありません。専門家の著書に語順や句読点法の研究がありますが、これはまた正に「研究」であって、古文や名作を調べてみると統計的にこうなる、といった類の大論文です。これはこれでもちろん意味はあるものの、それでは実際に作文を書くときにどういう基本原則でやるべきかについては、どうもあまりよくわからない。その証拠に、そういった大論文の専門家たちの文章自体が、学ぶべき正確な原則をふまえた日本語で書かれていることは案外少ないのです。学ぶべき文章は、やはり大文豪の一部（大文豪がすべて良い文章を書くわけではない）の文章に多いのですが、かれらはまた

「技術」を書こうとはしません。これは画家が一般に自分の画法技術を人に見せたがらないのとは事情が違うようです。文豪たちは多くの場合ヤミクモに大量の文章を書くことによって、また恐らくもうひとつは才能も手伝ってようやく技術を身につけるにいたった。プロとしてその「芸道」をきわめるには参考になるかもしれませんが、われわれ凡才が学ぶ道としての技術は、かれら自身が知らないのであります。

この問題には、さきに申しました教育体制に類する背景のほかに、一種の文化論的背景もあるのかもしれません。過日故郷の伊那谷へ帰ったら、中学時代の旧友K君に会いました。このK君の親しいアメリカ人が、いま私の村に近い過疎部落に住みこんで、村人に尺八を教えています。大学で日本文化を専攻した人で、もう来日してかなりになるらしく、尺八は日本へ来てからむろん日本人の先生に教えられた。たいへん熱心に修業して、今ではもう、私はよく知りませんが柔道でいえば何段というような立派な腕前だそうです。ところがK君によりますと、このアメリカ人の尺八の「教え方」が実にうまいというのですね。K君自身も尺八をやるのですが、このアメリカ人の教え方と日本人の先生のそれとどこが違うか。これは尺八に限らず「芸道」にはよくあることですが、日本人の場合まずリクツ抜きに先生によく密着して、とにかく自分でもヤミクモに練習し、「やっているうちに何とかなる」という〝秘伝〟方式だ。ところがこのアメリカ人だと、リクツ抜きじゃなくて反対にリクツ主義(?)とでもいいますか、とにかく「技術」として、どこがどう悪い、指がどうの、口の当て方がどうのと、具体的に、合理的に、すべて説明のつくものとして教える。その結果、アメリカ人に尺八を習う方が早く上達するというのです。

なるほど。これは大変ありそうなことだと私は思いました。しかし、超名人級になるために果たしてどちらの方式が「良い」かとなると、かなりむずかしい問題になってきます。これは日本文化の根底にかかわることかもしれません。私はここで「どちらが良いか」を言っているのではなく、少なくとも、「趣味」として一応の水準にまで尺八をやってみたいというていどであれば、おそらくアメリカ人方式の教え方のほうが上達が早いだろうという点に注意しているのであります。

作文にしても、なにか「文章道の奥義をきわめる」とか「大文豪になる」つもりの人にとってどういう学び方がいいかとなると、これは私にはもう手に余る問題で、こうした講座であつかう対象ではないでしょう。私のいう作文というのは、とにかく単純明快、**読む側にとってわかりやすい文章を書くこと**、これだけが到達すべき目標のすべてです。趣味の随筆であれ小論文であれ手紙であれ受験の答案であれ記事であれ、読ませる相手のある文章で、かつ「芸術作品」というような凝《こ》ったものではないものが、一応の水準まで書ければいい。だから「文学的な」とか「高級な」文章を書きたいと思う方には何の役にも立たないでしょう。

『文芸教育』という季刊誌を主宰し、作文教育の分野ではよく知られている西郷竹彦さんとお話しする機会があったとき、西郷さんはこんなことを言っておられます――

西郷　たとえば、説明文が教材としてあります。説明文は何かを説明してある文章です。それをどういうふうに授業するかというと、正しく読むこと、つまり読解です。字引きを引きながら、段落に分けて、ここの段落ではどういうことが書いてあるか、次はどうか、全体で筆者が言いたいことは何かということを正しく読みとる。これで終わりなんです。それに対してわたしは、説明文というものは本来読めばわかるものでなければいけない。説明というのは、筆者がわかるように説明しているはずですから。ところが今までの学校教育のなかで使われている教科書の説明文は、五年生の子どもが五年生の国語の教科書の説明文を読んでわからないのです。まず難語句がいっぱい出てくる。ですから、指導の最初に難語句しらべというのがあるんです。字引きを引かなければ読めない文章が出てくるわけですね。そういう文章でことばを教えたりするのだというたてまえなのです。ところが一方では、わかるように書けと、子どもには言うわけです。ところが教科書に載っている説明文は、字引きを引きながらでなければわからないような、そして、ここがどういうつながりになっているか、一所懸命に考えなければつかみにくい文章なんですね。これは悪文だと言うんですよ、わたしは。（中略）

どんないいことが書いてあっても、五年生の子ども（読者）にとって、説明をしなければわからない説明文は悪文だ。そういう悪文を教材にすることに、まず間違いがあるのではないかと思いますね。五年生の子どもが読んでおもしろくて、なるほどとわかるもの、極端にいえば一回読んで。そういうものを教材として載せろと言うんですが、そうすると、授業することがないと言うんですよ。

本多 なぜこんなにわかるのか、それを授業すればいいでしょうに。

西郷 そうなんですよ。そのとおりなんです。同じことを言ってくださって、うれしくなりますね。（中略）なぜこんなにおもしろいか。おもしろさにはいろいろありますが、ここにも筆者のなみなみならぬ工夫があるはずだ。それはただみてもわからないから、ちゃんと考えてとらえる。学ぶ。

本多 それがほんとうの技術ですね。

西郷 そうです。それが説明文指導ということになるのではないかと言うんですが、そうなっていません。（中略）

本多 文部省的視点からいえば、そんなことをされては困るのでしょうが、それ以前に現場の先生たちが、まずそういう教育を受けていないということはどうでしょう。そうすると、コトはたいへんむずかしくなってくるんですよ。（中略）先生自身がそういうことを教育されていないから教えられないということはありませんか。

西郷 そうです。わたしは教科書の編集にタッチしておりますが、根本的に改革しようとするんですが、なかなか大変なんですよ。

本多 先生の先生がいりますね。

西郷　ええ。そういう教科書を作るとすると、先生が勉強しなければならなくなります。自分がわかったことをそのままやればよかったものが、教科書が根本的に変わってくれば、先生自身が勉強しなければいけないでしょう。今までは、五年生が読む説明文は先生にはわかったわけです。それはそうでしょう、五年生にはむずかしくても。ですから、教室に行ってから授業ができた。ところが五年生がサッと読んでわかる教材となると、筆者の工夫というようなことは、教師も勉強しなければならないですね。でもそれでいいではないか。教師は一方的に教えるのではなくて共に学べと。

（季刊『文芸教育』第二四号から）

ここで西郷さんのいわれている内容は文章の構成や比喩のやり方といった面も含んでのことですが、作文技術の上でもこれは当然です。「なぜわかりやすいか」を生徒にわかりやすく説明できる小・中学校の先生が少ない。しかし一方、たいへん熱心な先生がごく一部におられることは、私自身も具体的に知っております。さきほど、「作文技術」を私に教えてくれた先生は小学校から大学まで一人としていなかったとか、専門学者や文豪もダメだとか申しましたが、恐らく最も熱心で適切な先生は、高校・中学あたりで「個人的に」この分野に力を入れている日本語教師だと思います。作文教材用の本を出している人もある。ただ、そういう先生はあくまで例外的存在ですから、あまりにも数が少なく、とても一般化して論ずることはできません。私自身もついにそういう先生にはめぐりあえませんでした。（ただ、日本語文法といった「国語教師」としては、中学・高校のころいい先生から学んだと思いますが。）

ところが、大学生のときに特殊なかたちで文章技術の一部を教えられたことがあります。それは日本語だの外国語だのといった授業ではなくて、クラブ活動に関連してでした。どういうことかと申しますと、私たちが全国で初めて創設した「探検部」（京大）には顧問になっていただいた先生が五、六人いたわけですが、その一人に梅棹忠夫氏（のちの国立民族学博物館館長）がいました。梅棹氏は探検歴の豊富な方ですし、大学のすぐ近くに自宅もあったものですから、私たちはよくお宅を訪ねて、時には夜明けまで議論したり雑談したりしていたものです。その雑多な話題の中に、文章技術だのローマ字論だの日本語論だのがありました。ですから私の『日本語の作文技術』の中には、もとをたぐればそのころの梅棹サロンに行きつくものがかなりあるかもしれません。

それにしても、考えてみれば当時の梅棹氏は私のいた大学の先生ではなく、大阪市立大学の助教授でした。私たちにとっては、あくまでクラブ活動での顧問ですから、大学で教えられたことにはなりません。となりますと、やはり私は「小学校から大学まで」一貫して「作文技術」は教えられなかったことになります。こう見てきますと、むしろ本当の作文技術を教えているのは、日本語教育の分野では反主流か非主流の人たちだともいえるようです。そういえば、さきの西郷竹彦氏にせよ梅棹忠夫氏にせよ、いわば〝正統派〟たる「国語学」畑の出自ではなく、理科系出身ですね。（私も理科系でしたが。）

以上で「序文」にあたる前口上は終わりにします。これから私が説明する内容の中で「技術」として最も重要な部分は第二章（修飾する側とされる側）、第三章（修飾の順序）、第四章（句読点のうちかた）の三つですが、このうち第二章（修飾する側とされる側）は私でなくてもよくいわれていることで、とくに珍しい指摘でもありません。したがって私が重点的に申し上げたいのは「修飾の順序」と「句読点のうちかた」（とくに読点）の二つであります。この二つさえ一応のレベルに達すれば、皆さんの文章はたぶん今の何倍も良くなるに違いありません。

新装版　日本語の作文技術……目次

新装版　日本語の作文技術

梅棹忠夫先生に

第一章

なぜ作文の「技術」か

ここで作文を考える場合、対象とする文章はあくまで実用的なものであって、文学的なものは扱わないことを前提としたい。とはいうものの、両者にははっきりした境界があるわけでは決してない。朝日新聞社の調査研究室が社内用として出している研究報告シリーズの中に『文章のわかりやすさの研究』（堀川直義・一九五七年）という一冊があって、このあたりのことが次のように図式化されている。

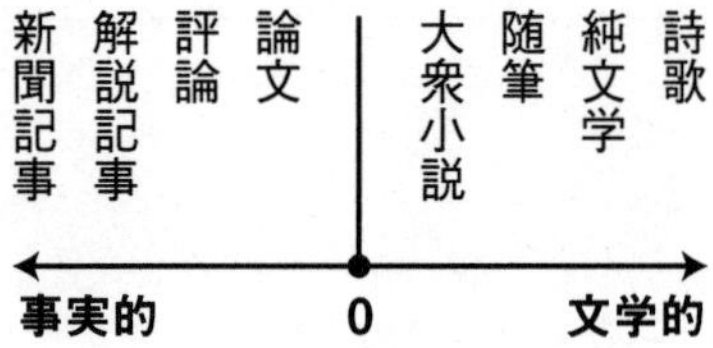

「事実的」のかわりに「実用的」とすることもできるし、あるいは右をフィクション的、左をノンフィクション的ということもできよう。この分類でいえば右翼になる「文学的」な文章のため

の作文は、ここでは考えない。反対側の「事実的」文章のための作文だけを対象とし、その中には手紙・報告文・広告文・アピール・宣伝文・ルポルタージュなども含めてよいだろう。ただし日記は除外したい。例外はあるものの、原則として日記は自分だけのために書かれた文章だから、極論すればどんなわかりにくい文章でもよく、暗号でさえ構わぬことになる。また例文として小説から引用することもあるが、それはあくまで「作文の技術」のためであって、決して「小説の技術」のためではない。言葉の芸術としての文学は、作文技術的センスの世界とは全く次元を異にする。*その意味での「事実的」あるいは「実用的」な文章のための作文技術を考えるにさいして、目的はただひとつ、**読む側にとってわかりやすい文章を書くこと**、これだけである。

実はこうした文章論に類するものを書くことに、私はいささかの躊躇《ちゅうちょ》と羞恥をおぼえざるをえない。というのは、私自身が特にすぐれた文章を書いているわけではないし、もちろん「名文家」でもないからだ。それに、私のごく身近な周辺、たとえば勤めていた新聞社の内部にさえ、私など及びもつかぬ名文家や、技術的にも立派な文章を書く人が少なからずいた。いわゆる年代的な「先輩」ではなしに、純粋に文章そのものから見ての大先輩に当たるそうした人々をさしおいて、この種のテーマを書きつづけることの気はずかしさを、読者も理解していただきたい。にもかかわらず書くのは、開きなおって言うなら、むしろヘタだからこそなのだ。もともとヘタだった。うまくなりたいと思いつづけてきた。中学生のころを考えてみても、同級生に本当にうまい文章を書く友人がいた。とてもかなわないと思った。はからずも新聞記者を職業としてから文筆生活数十年。だがもはや「名文」や「うまい文章」を書くことは、ほとんどあきらめた。あれは一種の才能だ。それが自分にはないのだ。しかしこれまで努力してきて、あるていどそれが実現したと思っているのは、文章をわかりやすくすることである。これは才能というよりも技術の問題だ。技術は学習と伝達が可能なものである。飛行機を製造する方法は、おぼえさえすればだれにでもできる。発明したのはたまたまアメリカ人だが、学習すればフランス人でもタンザニア人でもイニュイ（エスキモー）*でも作れる。同様に「わかりやすい文章」も、技術である以上だれにも学習可能なはずだ。そのような「技術」としての作文を、これから論じてみよう。

　だれにも学習可能な「技術」としての日本語作文を考えるに際して、よく誤解されている作文論があることを注意しておきたい。たとえば「話すように書けばよい」という考え方がある。だれだって話しているじゃないか。たいていの人は頭の中でいったん作文してから口に出すのではない。いきなり話している。それならば書くのだって同じだ。話すように書けば書ける。「作文」ということで緊張し、硬くなるから書けないのだ……と。

　だが、この考え方は全く誤っている。話すということと作文とでは、頭の中で使われる脳ミソの部分が別だというくらいに考えておく方がよい。文章は決して「話すように書く」わけにはいかないのだ。たとえば話すときの状況を考えてみよう。多くの場合、話す相手がいる。その表情・反応を見ながら、こちらも身ぶりなどの補助手段で話をわかりやすくすることができる。したがっていわゆる文法的にはかなりいいかげんにしたり省略して話しても、必ずしも「わかりにくい」ということにはならない。さらに、相手がいない場合とか一方的に話すときでも、たとえばラジオやテレビで考えてみると、語り方の抑揚とか言葉の区切り・息つぎ・高低アクセントその他の手段によって、そのままわかりやすいかたちで耳にはいるようになっている。もし完全に「話すように書く」ことを実行したらどうなるか。実例を見よう。

おはよおございますあれるすかなおはよおございますどおもるすらしいなはいどなたですかあどおもおはよおございますしつれえしますじつわはあじつわわたしこおゆうものなんですが

これは保険外交員のような立場の人がセールスに訪問したときの対話のはじまりである。ちゃんとした「共通語」で話してもこのていどだ。実際に話しているときは、こんなわかりにくいことはない。書いてもわかりやすくするためには、さまざまな「技術」を使うことになる。すなわち――

「おはようございます」
（あれ、留守かな？）
「おはようございます」

（どうも留守らしいな）

「はい。どなたですか」

「あ、どうも。おはようございます。失礼します。実は……」

「はあ？」

「実は私こういうものなんですが……」


これならわかりやすいだろう。ここで使われた技術は次の九種類である。
①発音通りに書かれているのを、現代口語文の約束に従うカナづかいに改めた。
②直接話法の部分はカギカッコの中に入れた。
③独白の部分はマルカッコ（パーレン）の中に入れた。
④句点（マル）で文を切った。
⑤段落（改行）を使って、話者の交替を明らかにした。
⑥漢字を使って、わかち書きの効果を出した。
⑦リーダー（……）を二ヵ所で使って、言葉が中途半端であることを示した。
⑧疑問符を使って、それが疑問の気持ちを表す文であることを示した。
⑨読点《とうてん》（テン）で文をさらに区切った。
なんでもないように見えながら九種類もの「技術」が使いわけられているからこそ、これはわ

かりやすい形に変化したのだ。ついでにいえば、この中で最もむずかしい技術は最後の「読点」（、）であるが、これについては一章をもうけて詳述しよう。もうひとつ別の例を見ていただきたい。

どっこにもかあちゃんひとりしかいじましたおったおいいまだれもおどごあどあいねごっだそたにもなにへでよべえっとぁへってありってもいいごっだあははは

これは岩手県二戸郡一戸町面岸の老婆が語る言葉をそのまま書いたものだ。新聞記事にはこれにいくらか「技術」が加えられて、次のようになっている。

「どっこにもかあちゃんひとりしかいじましたおったおいいま、だれもおどごあどあいねごっだそたにも。なにへでよべえっとぁへってありってもいいごっだ、アハハハ」（『朝日新聞』一九七五年三月二四日夕刊・文化面「新風土記」第三九七回）

すなわち前の例でいえば②カギカッコ④句点⑨読点の三つの技術のほか、さらにカタカナの使用によって合計四つの技術が加えられ、それだけわかりやすくなっている。実はこれは私自身の書いた記事なのだが、これ以上わざと技術を加えなかったのは、老婆から耳できいたときの「わかりにくさ」を、そのまま文章の上でも表現したい目的があったからである。逆にいえば、この文章を読んでわかるていどには、耳できいてもわかる。つまり音便と拗音《ようおん》は耳できくそのままだし、句読点は耳できいてもわかる部分に限定した。したがって、このままの言葉でさらにわかりやすくするための技術を使えば、次のようになる。

「何処《どっこ》にも母ちゃん一人しかいじましたおったおい今、誰も男《おどご》ァどァ居ねごっだソタニモ。なにへで夜這《よべ》えっとァ入《へ》って歩《あり》ってもいいごっだ、アハハハ」

ここまでくれば、この地方の方言を全く知らない人でも、およその意味はわかるようになるだろう。つまり言葉はそのままでも、文章化のとき技術を加えることによって、耳できいたときよりもずっとわかりやすくなっている。(これは「出かせぎでどの家も男たちがいなくなったから夜這いにはいってても何でもない」という意味である。)

しかし実は、この例の最初の原形(どっこにもかあちゃん……)でさえも、厳密にいえば決して「話すように書いた」とはいえない。これには東北地方の生活語*(いわゆる方言)を特徴づける母音構造(いわゆるズーズー弁の由来)が現れていないため、すでにこの原形自体が共通語に変えられている。きびしくいえば、もはや「文字」にしたとたんに技術が加わっているのであって、生活語であれ共通語であれ、話し言葉の正確な再現を文字で表すことは不可能なのだ。たとえば寿司（スシ）は、東北の一部ではススというようにきこえるし、小学生の作文でもそのように書いてしまうようだが、このススは決して煤（スス）と同じ発音のススではない。この場合、高低アクセントの違い（ススとスス）でもわかるが、仮にアクセントが同じとしても、寿司のときのススは、はじめの「ス」と後の「ス」とで発音が違うので、地元の人ならその差はききわけている。しかしカナでそれを表すことはできない。煤のススは、二つのスが全く同じ susu である。同様に橋と箸の区別は、話し言葉なら高低アクセントでわかるが、書いたら漢字を使わぬ限りわからない。私の故郷の伊那谷では雲はクモ（モにアクセント）というので蜘蛛（クモ＝クにアクセント）との違いが話し言葉ではわかるが、カナで書いたらわからない。

ともあれここにあげてきた実例は、句読点や漢字といった記号だけのわずかな「技術」だけれども、それでも「わかりやすさ」にこれだけの違いが出てくる。「話すように書く」ことなどできないのは当然であろう。

たとえばまた「見た通りに書け」という俗論がある。これなども「話すように書く」以上の暴論であろう。見た通りに書くということは、金輪際ありえない。こころみに、どこでもいいから一秒間だけ眼をひらいて見られよ。山の中でもいいし、街頭でもいい。その一秒間に何が見えただろうか。山の中であれば、まず一挙に何百種もの樹木や草や苔《こけ》類がとびこんでくる。それらの一枚一枚の葉の形や色、風にそよぐ様子といったこと全部を「見た通りに」書くとしたら、どうなるか。これは物理的に不可能だ。量として無限にあり、時間的にもそれらは同時に存在するのだから、同時に書くのでなければ「見た通り」ではない。あるひとつの草のことから書きはじめたら、それはすでに筆者が主観的に選択したのであり、筆者の眼にうつった無限のことがらの中からひとつだけ強引にとりだしたことを意味する。もはや「見た通り」では断じてありえない。

　それではいったい、作文とはどういうことなのか。読者の中には、外国語を勉強したことのある人も多いだろう。とくに日本の場合はイギリス語（より正確にはイングランド語かアングル語*）が多いだろう。そのときの体験を思いだしてほしい。外国語の作文のとき、たとえばアングル語だと、どこにコンマをうって、形容詞をどこにおいて、ここには関係代名詞を使って……というふうに考える。これは決して「話すように」作文するのではない。その意味では、子供のとき外国にいてその国の言葉が普通に話せる日本人といえども、単にそれだけでは決して外国語が「書ける」ことにはならない。イギリスやアメリカ合州国へ行くと「乞食でも英語を話す」という有名な冗談があるように、これは決して勉強したことにはならないのだ。ついでにいえば、会話ができることをよく「語学ができる」というが、とんでもない誤解であろう。スイスのある地域で子供がフランス語もドイツ語もイタリア語も同じように話せるからといって、その子は「語学」ができるわけではない。朝鮮が日本の植民地だったころ、日本語会話は生きる手段（弾圧されない手段）として朝鮮人に強制されたが、そうすると日本語がよく話せる朝鮮人はみんな語学者なのだろうか。語学というような言葉は、対照言語学だの社会言語学・音声学といった本当の「学」をやっている人についていうべきであって、単にアングル語が話せるとか、中国語会話がうまいというような場合とは無縁のものである。したがって、逆に全く会話はできなくても「語学ができる」人はいるのだ。

日本語の作文を日本人が勉強することも、このような外国語作文の原則と少しも変わらない。私たちは日本人だから日本語の作文も当然できると考えやすく、とくに勉強する必要がないと思いがちである。しかしすでに先の実例でもわかる通り、書くことによって意思の疎通をはかるためには、そのための技術を習得しなければならない。決して「話すように」「見た通りに」書くわけにはいかない。アングル語作文でコンマをどこにうつかを考えると全く同様に、日本語作文では読点をどこにうつべきかを考えなければならない。このあたりのことを清水幾太郎氏は『論文の書き方』の中で次のように書いている。

　私たちは日本語に慣れ切っている。幼い時から、私たちは日本語を聞き、日本語を話し、日本語を書き、日本語で考えて来た。私たちにとって、日本語は空気のようなもので、日本語が上手とか下手とかいうのさえ滑稽なほど、私たちはみな日本語の達人のつもりでいる。いや、そんなことを更めて考えないくらい、私たちは日本語に慣れ、日本語というものを意識していない。これは当り前のことである。しかし、その日本語で文章を書くという時は、この日本語への慣れを捨てなければいけない。日本語というものが意識されないのでは駄目である。話したり、聞いたりしている間はそれでよいが、文章を書くという段になると、日本語をハッキリ客体として意識しなければいけない。自分と日本語との融合関係を脱出して、日本語を自分の外の客体として意識せねば、これを道具として文章を書くことは出来ない。文章を書くというには、日本語を外国語として取扱わなければいけない。

要するに一つの建築みたいにして作りあげるのである。建築技術と同じような意味での「技術」なのだ。なんだか大げさで、えらいことのようだけれど、作文は技術だからこそまた訓練によってだれでもができるともいえよう。清水幾太郎氏のこの本は、かけだし記者のころ私も読んでたいへん参考になったが、題名は「論文の……」よりも「文章の書き方」とか「作文の方法」とすべきだと思った。

しかしこの優れた作文論にも、日本語というもののシンタックス（統語法・統辞法・構文）や文化的背景の理解に関しては限界がある。たとえば久保栄の作品『のぼり窯』の文章を引用しつつ、その意図を肯定しながらも悲観的で、「特殊な語順を初めとする日本語の特色」というような事実に反する記述を基礎に「日本語に負わされた運命というものを考えて、私は陰気な気分になってしまう」と清水氏は告白している。

清水氏にしてさえもこうした告白をしているのだ。一般の間に日本語は「特殊」だとか、あるいはヨーロッパ語に比べて「論理的でない」といった俗説がはびこっているのも当然であろう。「特殊な語順」というような全くの誤りは、日本の知識人の知識が西欧一辺倒であって、ひざもとのアジアはもちろん、日本国内のことにさえもいかに無知であるかをさらけだしている。国内でいえばアイヌ語をみよ。一番近い隣国としての韓国（朝鮮）語をみよ。いずれも日本語と同じ語順だ。アジアではインドやトルコをはじめ日本語式の語順がむしろ普通だし、ヨーロッパでもバスク語が同じだし、アフリカにもたくさんある。イニュイ（エスキモー）語などはもっと徹底した「特殊」ぶりであろう。*「陰気な気分になってしまう」のは、このような西欧一辺倒知識人の無知を見るときではなかろうか。それにしても、たとえば私なども学生時代に読んだ金田一春彦氏の『日本語』は、岩波新書という大衆的な本のひとつである。そこには日本語の語順の少しも特殊ではないことが世界諸言語との比較の上で書かれている。これはもはや常識ではなかろうか。

「日本語は論理的でない」という俗説もこれに近い種類の妄言《ぼうげん》であろう。この種の俗説を強化するのに役立っている西欧一辺倒知識人――私は植民地型知識人と呼ぶことにしている――の説を分析してみると、ほとんどの場合、ヨーロッパという一地域にすぎない地方の言葉やものの考え方によって日本語をいじっている。極論すれば、メートル法やヤード＝ポンド法で日本建築を計測して「これは間尺に合わぬ」と嘆いているのである。こういう馬鹿げた日本語論は、私たち「愛国的」日本人としてはとうてい受け入れがたい。この俗論は事実として誤っていることを、私たちの母語**を守るために、具体的に示していく必要がある。あらゆる言語は論理的なのであって、「非論理的言語」というようなものは存在しない。言語というものは、いかなる民族のものであろうと、人類の言葉であるかぎり、論理的でなければ基本的に成立できないのだ。「フランス語がフランス社会で役立っているのと同じように、ホッテントット語はホッテントット社会に役立っている」（千野栄一『言語学の散歩』）。ホッテントット社会では、フランス語はまるで「非論理的」であろうし、仮に意味はわかってもその社会に無用の言葉が多いばかりで、必要な言葉は不足しているだろう。その意味では**言語とはすなわちその社会の論理である**。そして日本語の論理や文法は、ヨーロッパ語の間尺で計測することはできない。同じことは音楽でも美術でも、要するに文化全体についていえることであって、もしフランス語が論理的で日本語が非論理的だというなら、そのように考えるのと全く同じ次元の論理によって、反対に「日本語こそ論理的で、フランス語はまことに非論理的だ」ということも可能なのである。げんに佐久間鼎氏は、日本語の方がヨーロッパ語よりも論理的だとしており、アリストテレス＝スコラの古典形式論理学の非論理性は、むしろ日本語の立場からこそ批判するのに有利なのに、ヨーロッパ語的表現様式で曲げられた形式論理に日本の学者が追随した結果、とんでもない偏見を広めてしまったとみる（『日本語の言語理論』）。

フランス語は「明晰《めいせき》」（クラルテ）だという定評があるようだが、シャルル＝バイイ氏は「世人はフランス語の明晰とフランス的明晰とを混同しているのだ」（小林英夫訳『一般言語学とフランス語学』）とし、「フランス語の明晰性はこの言語の構造がずばぬけて明晰であるというより、むしろフランス人が彼等の国語を用いるときに明晰な表現を求めることに深く意を用いるという事情に由来するのだ、と言語学者シャルル・バイイは指摘する」（川本茂雄「日本語の明晰性」『日本語教育』第二七号）。また大橋保夫氏は「フランス語は明晰か？」（『ふらんす』一九七四年四・五月号）で、フランス語それ自体にとくに明晰性があるわけではないこと、地球上のさまざまな文化的背景の多様性を知っていることから状況依存の言語表現を避けようとする努力の結果に由来することを説いている。そして蓮實重彦氏は「明晰性の神話」（同氏『反＝日本語論』所収）の中で、フランス語のフランス的あいまいさを具体的に示し、「現代のまともなフランス人なら、誰ひとりとして『フランス語の明晰さ』などを信じてはいない」と断じている。イタリア人のドメニコ＝ラガナ氏は、日本人哲学者・森有正氏の「経験と思想」（『思想』一九七一年一〇月号）という論文から引用して次のように書いた。

この論文は私に大きな打撃を加えた。というのは、森氏の断定することが事実だとすれば、私などはこれ以上暗中模索しつづけるよりは、日本語でものを書くのを断念した方がいいからだ。森氏はこう言っている。

「フランスの大学生に日本語を教えることは非常に困難である。普通それは記載法の相違、例えばアルファベットの代わりに、シラブルの符号である仮名を使用すること、特に音読み、訓読みという二通りの読み方のある千何百という漢字があること、のせいにされているが、それは決して最大の困難ではない。

私は、一番大きい困難は、日本語は、文法的言語、すなわちそれ自体の中に自己を組織する原理をもっている言語ではない、という事実にあると考えている」

日本語の記載法はいうまでもなく、非常に複雑である。それにもかかわらず、それは、森氏が指摘するように、外国人にとって一番大きい困難ではないかも知れない。私としては生来、記憶力が弱いので、日本語の記載法に苦労させられるのだが、この点、自分のことを引き合いに出すことは不適当だろう。それはそれとして、「日本語は、文法的言語、すなわちそれ自体の中に自己を組織する原理をもっている言語ではない」ということは事実だろうか。

ろくにテニヲハのつかい方も心得ていない私がこんなことを言うと、あつかましく聞こえるだろうが、森氏の主張は独断のように思われてならない。最大の困難は外国人にとって記載法の相違ではなく、文法の相違である、というくらいのことなら、異議はあるまい。しかし、「日本語は、文法的言語、すなわちそれ自体の中に自己を組織する原理をもっている言語ではない」と言われては、納得が行かない。森氏には失礼だが、そのような断定のうらには、日本人をユニークな人間とする心理が働いているように思われてならない。私の考えでは、どの言語でもそれ自体の中に自己を組織する原理、法則をもっていると思う。(日本ペンクラブ『日本文化研究論集』のD＝ラガナ「日本語は〝非文法的言語〟か」＝D＝ラガナ『日本語とわたし』所収＝より)

まことに「それ自体の中に自己を組織する原理をもってい」ないのは、森有正氏自身であろう。奥津敬一郎氏（『「ダ」の文法』『言語』一九八〇年二月号）によれば、森有正氏は中村雄二郎氏との対談で次のように語っている。

たとえば「さあ、これから何食べましょうか」とこう言うでしょう。…中略…「ぼくはさかなです」それを訳すと Je suis un poisson. どこにもそんなものはありませんよね。

いったい森有正氏には、日本語をフランス語に訳す初歩的な力があるのだろうか。「『ダ』とêtre という異質のものを同一視するからそんなことになる」（奥津敬一郎氏）。そのような森有正氏がパリ大学で長く日本語を教えていたというのだから、ことは一学者の無知にとどまらず、日仏両国の公的文化接触での重大なミス＝キャストでもある。これもまた植民地型知識人の一人なのであろう。言葉についての森有正氏の無知・鈍感が、彼の専門としての哲学、ひいては「ものの考え方」の本質にまで及んでいなければ幸いだが。

ただ、こういうことはいえるだろう。いくら日本語が論理的であっても、それを使う人間が論理的であるとは限らない。言葉を「書く側」が常に支配者側（体制側）だったことはどこの国の歴史も共通だが、明治以後の日本の場合、体制側としての多くの知識人が西欧一辺倒に走った結果、西欧の論理で日本語を計測するという大過を犯した。(それ以前には中国一辺倒だったようだが。) そのおかげで、たいへん論理的な言語としての日本語が、誤った使い手によってさんざんな目にあわされてきたのだ。亡くなった文法家の三上章氏なども『日本語の論理』といった著書でこの点を突いて憤慨している。言語学者ロイ＝アンドリュー＝ミラーは、その著書『日本語――歴史と構造』(小黒昌一訳) の中で次のように書いた。

富士谷、義門、その他によって始められたこの完全に日本で生まれた文法の伝統は、徳川時代末期に西洋の学問が導入されたことで、不幸にもその芽をつみとられてしまった。もし外国からこうした非常に有害な影響を受けずに進んでいたら、日本人は世界の学問の歴史で極めて重要な文法的記述の科学を必らず発展させていたことであろう。しかし残念なことに、徳川時代末期数年間にオランダ語とそれに次ぐ英語の研究熱が高まったため、人々は医学と天文学の新知識を求めるためだけではなく、新しい進歩的文法観と考えたものを求めて外国の書物に目を転じたのである。その時に日本人は判断を誤ったのである。当時の西欧の一般的言語観と文法研究のレベルは、かつてない程に低いものであった。その結果として、日本人が当時獲得したものはほとんど全て、今でも学び直す必要のあるものとなっている。古くさくて非科学的な西洋文法観が大量にたちまちのうちに日本語文法研究の用語や文法論の中にもちこまれ、それらは現在でも日本の学校の伝統となって残っている。富士谷ら先駆者的学者の科学的・記述的方法論は、インド・ヨーロッパ語文法、特にオランダ語と英語の文法範疇類を日本語の中に確立しようという大規模で悲惨な試みの前に、捨て去られてしまった。この領域での研究のはっきりとした方法論的基盤もなく、ただただ西洋文化の相をまねするようなサルまね的熱意をもって模倣に精出しているうちに、日本の自称文法家連は、やがて、当時流行していた英語の記述法とほとんど区別できないような記述を日本語にも行うことに成功したのである。二つの言語が構造的に非常に異なっていることもあり、出てきた結果はもちろん悲惨であった。

日本の学校制度で今日教えている文法方式も、また多くの日本人専門家が日本語を分析する方法も、ともに大部分は見境いもなく借用を行なっていた時代の遺産である。

文部（文科）省教育もこれには責任があるだろう。小学校で作文の基本的技術をどれだけ教えているのだろうか。作文の時間そのものが、たとえば私たちの小学校時代より少ない上、読書の「感想文」などを書かせているのだ。このような日本の教育環境もまた、いまの日本に非論理的文章の多い現象の一因であろう。こうした問題をも含めながら、日本語の作文技術について考えていきたい。

第二章

修飾する側とされる側

（1）かかる言葉と受ける言葉

冒頭の「はじめに」で、第二章の「修飾する側とされる側」についてはよくいわれていることで、とくに珍しい指摘でもない」と述べたが、しかし作文技術の上で重要なことには違いないので、やはりていねいに検討しておきたい。

一言でいえば、「かかる言葉と受ける言葉はできるだけ直結せよ」というだけのことである。しかしこの「だけのこと」が、なかなか実行されない。次の章「修飾の順序」も含めて、こうした問題に私が関心を抱きはじめたのは、新聞社に就職して最初「校閲部」にいたときだった。校閲部とは何をする部かというと、まず第一に新聞のゲラ刷りの校正である。これは本でも雑誌でも同じことで、要するに活字拾いの段階での間違い直し。そしてもうひとつの重要な役割が、校閲の「閲」にあたる仕事である。これは権力が記事内容を検閲するということではない。単純ミスを直すだけの校正ではなく、文章のわかりにくいところを直したり、内容の間違い――たとえば「イニュイ民族の分布はアラスカとカナダとグリーンランド」と書かれた記事があったら、いや、シベリア東部にもいるといった訂正もやることであって、これは徹底してやりだしたら底なしに大変な仕事だ。もちろん第一の責任は書いた記者にあるけれど、世の中に間違いの一つもない記事を常に書ける記者というものは、もう「絶対に」ありえない。どんな大学者・大記者・大文豪・大評論家といえども同様である。別の人が読めば、どこかに間違いを発見できる。その役割を校閲部は兼ねている。当然ながらそれも限界があればこそ、新聞はしょっちゅう「訂正」を出している。

その校閲部にいた最初のころ、新聞の社会面や政治面の雑報記事をゲラで読んでいるうちに、わかりにくい記事にたいへんイライラさせられた。文法的に間違いがあるというのではない。そうではなくて、言おう（書こう）としている内容が、読んでスラスラと頭にはいらない。わざとわかりにくい文章を書いてエライつもりでいる文章家もいるが、そういう意味でわざとイライラする記事が書かれているのではなく、反対に、筆者にその能力がないために（または努力しないために）、そんな文章しか書けないのである。

けれども、いったいなぜイライラさせられるのか。校閲をやりながら、イライラ文章をたくさん調べているうちに、その大部分がコトバの順序の入れかえによって解決することがわかってきた。順序といっても大きく二種類あって、ひとつは次の章でやるような日本語の根幹にかかわることで、テン（読点《とうてん》）の打ち方とも密接にからむ問題である。もうひとつが、ここでいう「かかる言葉と受ける言葉」にあたる。実例をひろってみよう。

『言語』という月刊誌の「読者のページ」に、次のような意見が出ている。

芥川に「とても考」というのがあったかと記憶するが、かつては否定を強めるはたらきをしていた「とても」が、「非常に」の意で標準語になったのはすでに大正ごろであろうから、いまでは完全に定着している。しかし、標題の一文（「とても美人だとは言えない」）は、読者の方々は第一感としてはどう解されるであろうか。これは、「到底、美人であるとは言えたものではない」の意か、「非常に美人だ、とは言えない」の意か、文法的あいまい性があるように思われる。このあいまい性を除去するためには、「とても、美人だとは言えない」と、「とても美人だ、とは言えない」とのように、テンを打って区別するほかはあるまいと思われる。（『言語』一九七九年四月号）

もし「到底」の意味であれば、こんな文を書く方が悪い。要するに「とても」を「言えない」に直結して――

「美人だとはとても言えない」

とすれば、単純明快、何を悩むことがあろうか。しかし、もし「とても」が「美人だ」にかかる意味だとすると、「美人だ」のあとにテンをうつのも「ひとつの方法」にはちがいないけれど、むしろこれは良くない方法、避けるべき方法である。なぜ避けるべきかは後述の「語順」や「読点」の章で説明するが、ともかく方法としては次のようにいろいろある。

①とても美人だ、とは言えない。
②「とても美人だ」とは言えない。
③〝とても美人だ〟とは言えない。
④〈とても美人だ〉とは言えない。
⑤非常に美人だとは言えない。
⑥非常な美人だとは言えない。

はじめの①から④までは「とても」を使った場合で、かつ「美人だ」と直結しているから、ここでいう「かかりうけ関係」としては問題がないはずである。それならどうしてアイマイ性が云云されるかというと、これが「とても」というような違った意味を持つ言葉だからにほかならぬ。それなら「非常に」の意味のときには「とても」など使わなければよろしい。そこで⑤⑥のどちらかになるが、この二つとなると⑥（非常な）の方が正確でわかりやすいといえよう。なぜか。⑤（非常に）だと「美人だ」にでも「言えない」にでもかかることができ、たとえば「美人だとは非常に言えない」ということも文法的には可能だからである。しかし「非常な」であれば「美人」にしかかかることができず、誤解される恐れは全くない。

ついでながら、①から④の中ではどれがいいかにも触れておきたい。①はテンの打ち方の一般原則と混用になって、本来のテンの役目を侵害するので、できるだけ避ける。②は引用や会話のときに使うべきカギカッコが、単にわかりやすさを求めるために使われて、これもまた役割の侵害による混乱を起こしやすい。③のヒゲカッコ（チョンチョンカッコ）も同様。となると④あたりが無難ということになろう。

しかし何といっても一番の文句なしは、「到底」の意味なら「とても」を「言えない」に直結して「とても言えない」とすること、そして「非常に」の意味なら「とても」などという単語を使わぬことである。こんなに単純な方法で直ちに改良されるのだから、この投書者が「テンを打って区別するほかはあるまい」などと悩んでしまっているのは奇妙なことではなかろうか。

……と、ここに「とても言えない」の例で考察したように、わかりにくい文章やアイマイな文章の実例のなかで最も目につき、かつ単純な改良で直せるのは、修飾する言葉（修飾語*）とされる言葉のつながりが明白でない場合である。本章では、両者のつながりを離しがちになる「入れ子構造」を中心に、直結の原則について説明する。

(2) 直結の原則

修飾する言葉とされる言葉とが離れすぎている例として極端な場合をあげよう。

私は小林が中村が鈴木が死んだ現場にいたと証言したのかと思った。

この文章がなぜわかりにくいかは、だれしもすぐ理解できよう。それぞれの修飾・被修飾関係は次の通りである。

私は　小林が　中村が　鈴木が　死んだ現場に　いたと　証言したのか　と思った。

つまり「私は……思った」の間に、修飾・被修飾関係にある言葉が何重もの入れ子になっていて、文法的には正しくとも、これでは一読して（耳で聞いても）わからない。この文章を、一切の言葉に変更を加えずに、機械的に位置を変えるだけでわかりやすくするためには、修飾・被修飾関係の言葉同士を直結し、入れ子をはずせばよい。

鈴木が　死んだ現場に　中村が　いたと　小林が　証言したのかと　私は　思った。

むろん実際にはもっと手を加えなければならないが、少なくとも位置を変えるだけの操作でかなりわかりやすくなる。

川本茂雄氏（「日本語の明晰性」『日本語教育』第二七号）によると、これと全く同じことがアングル語でもいえることを、J＝T＝グリンダー・S＝H＝エルジン『入門変形文法』（鏑木英津子訳）が次のような実例で説明している。（のちに川本茂雄『ことばとこころ』に収録。）

(A)　The hunters shot the ducks that were swimming against the current which was carrying the poor birds out to sea.

(B)　The National Guardsmen the governor the people the students had tried to talk to had elected ordered to the campus milled about in the quadrangle clutching their canteens.

つまり（A）の方は入れ子ではなくて修飾・被修飾（または主述）が直結しているが、（B）の方はnested construction（繰り込み構文）となっているために、紙に書いて解剖でもしてみないと把えがたいとして、次のように分析する。どうやら「わかりやすい文章」のための基本的原理は、全く異質の言語間においても共通のようだ。

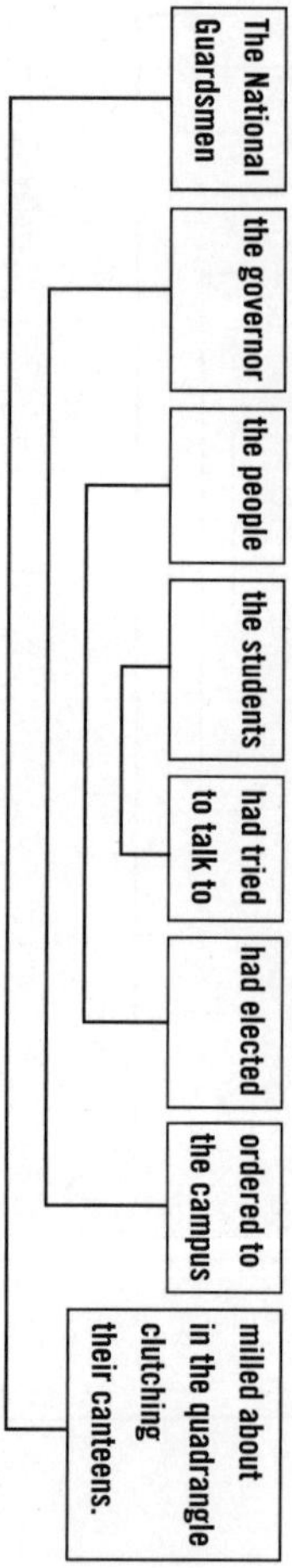

こういう極端な例をみると「まさかこんなひどい文を……」と思われるかもしれない。しかし私たちの周辺にはこれに似た文章がいくらでもみられる。次の文章は新聞の社会面トップ記事である。

二日未明、東京都三鷹市のマンションで、部屋に充満していたプロパンガスが爆発して四人が重傷、三十二人が飛び散ったガラスの破片などで一―二週間のけがをした。(『朝日新聞』一九七四年一〇月二日夕刊九ページ)

これなどはかんたんな例だから特別にわかりにくくはないが、それでも「三十二人が飛び散った……」のところは一瞬まごつくだろう。まるで人間が飛び散ったかのように思わせられる。「三十二人」が実は「一―二週間のけがをした」にかかるのだということを理解するまでには、瞬間にせよ途中で読みかえさなければならない。これを抵抗なく読ませるための第一の方法は、修飾関係の直結だ。

……四人が重傷、飛び散ったガラスの破片などで三十二人が一―二週間のけがをした。

しかし論理的にはこれでも不完全であろう。「一―二週間のけが」をした人はガラスの破片によるものだが、重傷の四人は何によるのかわからない。爆風ということも考えられるが、やはりガラスの破片もあるだろう。「ガラスの破片など」というのだから、いろいろあるようだ。となると「ガラスの破片などで」は重傷者をも修飾すべきであろう。

……プロパンガスが爆発して、飛び散ったガラスの破片などで四人が重傷、三十二人が一―二週間のけがをした。

これなら抵抗なく読めるし、論理的にも欠陥はない。それでは極端にわかりにくい実例を次にあげよう。


いま僕自身が野間宏の仕事に、喚起力のこもった契機をあたえられつつ考えることは、作家みなが全体小説の企画によってかれの仕事の現場にも明瞭にもちこみうるところの、この現実世界を、その全体において経験しよう、とする態度をとることなしには、かれの職業の、外部からあたえられたぬるま湯のなかでの特殊性を克服することはできぬであろう、ということにほかならないが、あらためていうまでもなくそれは、いったん外部からの恩賜的な枠組みが壊れ、いかなる特恵的な条件もなしに、作家が現実生活に鼻をつきつけねばならぬ時のことを考えるまでもなく、本当に作家という職業は、自立しうるものか、を自省する時、すべての作家がみずからに課すべき問いかけであるように思われるのである。（大江健三郎「職業としての作家」『別冊・経済評論』一九七一年春季号）

小説家・大江健三郎氏の「小説」としての作品について云々する資格は私にはないが、右の例は小説ではなくてエッセイである。この文章について「良い悪い」を論ずるつもりはない。しかしどう考えても、これが「わかりにくい文章」であることには違いない。周囲の数人に（大学のフランス語教師も含めて）きいてみたが、一読して理解した人はいなかった。外国語を習いはじめたときは、だれしも「これは、これを修飾して……」と、文章を分解しながら考えこむ。それと同じ作業をしなければ、この日本語はわからない。文法的に特に間違っているところはないのだが、わかりにくい。わかりにくくしている原因のひとつが、修飾・被修飾関係の離れすぎである。分析してみよう。

「いま僕自身が……考えることは」が、この文章の最初の題目である。それが結ばれる述部の言葉をさがしてゆくと、「……ということにほかならない」がある。さらに文章は「が」でつながって切れ目なくつづき、ことによるとまだほかにこれを受ける述部があるかもしれないと疑いながら終わりまで読むと、どうやらもうないことがわかる。そこで後半は「（いうまでもなく）それは」が二度目に現れた新題目で、その述部をさがしてゆくと、最後に近い「問いかけである」らしいこともわかる。しかし最後の「思われるのである」にかかるような気もする。果たして「それは」がどちらにかかるのかを検討してみると、「問いかけである」は「それは」がなければ成立しない述語であるのに対し、「思われるのである」は「それは」を必要不可欠としない述語であることがわかる。たとえば「明日は雨と思われる」と同じタイプで、「（私には）思われる」

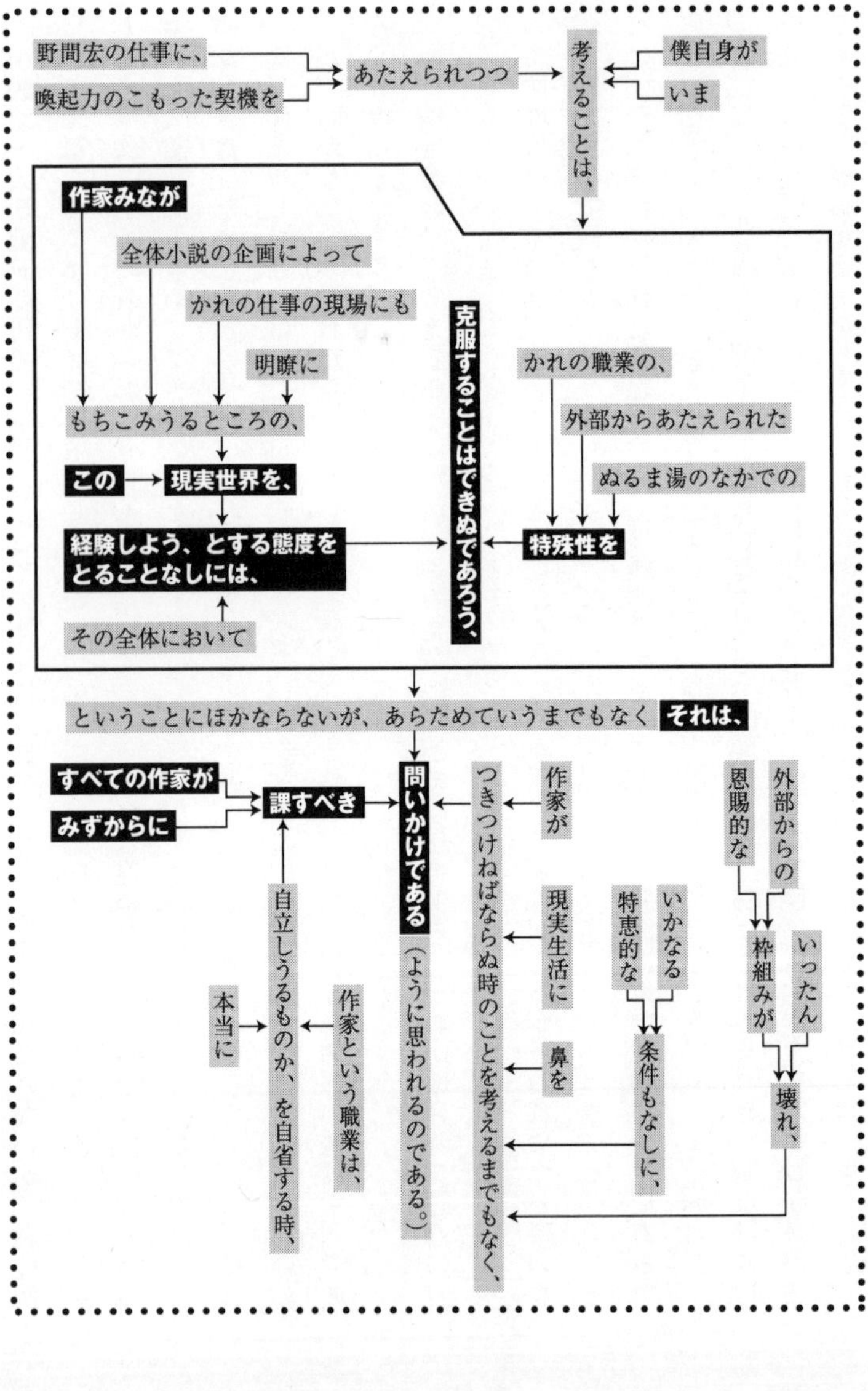
野間宏の仕事に、
喚起力のこもった契機を
あたえられつつ
考えることは、
僕自身が
いま
作家みなが
全体小説の企画によって
かれの仕事の現場にも
明瞭に
もちこみうるところの、
この
現実世界を、
経験しよう、とする態度をとることなしには、
その全体において
克服することはできぬであろう、
かれの職業の、
外部からあたえられた
ぬるま湯のなかでの
特殊性を
ということにほかならないが、あらためていうまでもなく
それは、
すべての作家が
みずからに
課すべき
問いかけである
（ように思われるのである。）
自立しうるものか、を自省する時、
本当に
作家という職業は、
つきつけねばならぬ時のことを考えるまでもなく、
作家が
現実生活に
鼻を
特恵的な
いかなる
条件もなしに、
恩賜的な
外部からの
枠組みが
いったん
壊れ、

ということだ。

このように、一番基本となる修飾・被修飾関係を見定めた上で、この文章を化学構造式風に図示してみよう（前ページ）。まず白ヌキ文字で示した部分だけ読んで大体の骨子を理解した上であとの補足部を読むとわかりやすい。

こうしてみると、いかに文体とはいえ、これは相当にひどいものだと思う。テンの打ち方にも非論理的なところが多い。しかも「芸術作品」としての実験小説ではなくて評論的な内容なのだから、他人に理解されることを目的とするかぎり、やはり同じことなら わかりやすくすべきであろう。

わかりにくい悪文の例は、よく翻訳にみられる。翻訳という仕事は大変な作業で、公刊した単行本としては私も『エスキモーの民話』一冊だけがあるが、もうこりごりした。翻訳は①まず原文の意味を完全に理解し、②それを完全な日本語として建築する――という二つの仕事を、どちらも同じ比重でしなければならない。どちらが不完全でも落第である。ところが、二つとも不完全な訳書がいくらでも刊行されている。当人が原文の意味を理解していないで、どうして日本語として完全なものになりえようか。だからそういう訳書は、日本語として意味のよくわからないところを原文で当たってみると、たいてい誤訳している。

しかし多少の誤訳があろうとも、もし②の作業――日本語として完全な建築がなされているなら、少なくとも「わけがわからぬ」ということにはならない。反対に、外国語がいくらペラペラで理解は完全（①の方）であっても、日本語作文（②の方）がダメであれば、翻訳をしたことにはならぬであろう。そうした場合のわかりにくい原因には、やはり修飾・被修飾の距離の離れすぎが圧倒的に多い。とくにアングル語やフランス語のように、主語が述語を強力に支配し、その結果補語が述語よりあとに延々とつながる構文を日本文に翻訳するときにこれは目立つ。なぜそうなるかというと、アングル語というシンタックス（構文・統辞）の世界を、そのまま日本語という別のシンタックスの中へ押しこんでしまうからである。翻訳とは、シンタックスを変えることなのだ。たんに単語を入れかえるだけで翻訳できるものなら、翻訳機にやらせればよい。実際、翻訳機の試作がこころみられているようだが、アングル語→フランス語というような似たシンタックス間ならともかく、アングル語→日本語といった全く別のシンタックス間では、本当の翻訳機は少なくとも当分は困難だろうと思う。たとえば、これはのちの章でくわしく触れるが、「象ハ鼻ガ長イ」という場合の「ハ」のような便利な助詞を持つ日本語など、ヨーロッパ語のシンタックスに機械的に移すには、大変な困難に直面するであろう。

では、翻訳文の中からわかりにくい日本語の実例をあげてみよう。ただ誤訳かどうかについてはここでは別問題としてふれず、日本語の問題としてだけ考えることにしたい。

愛国武装諸勢力と人民の連続的勝利は、愛国武装諸勢力の兵士多数を殺害してこれをせん滅し、解放区にたいする攻撃とかく乱をおこない、「特殊戦争」を拡大して、ラオスの戦場での敗北にひどく動揺をきたしたビエンチャン政府と右派軍の士気と立場を強化しようとしたアメリカとかいらいの試みが、またもやみじめな失敗に終わったことをしめしている。（プーミ＝ボンビチット『人民のラオス』新日本新書・一四五ページ）

右の訳文は、この長い文章が全部入れ子の中にはいっているために、述語「しめしている」と、それにかかる主要題目「愛国武装諸勢力と人民の連続的勝利は、」とが、はるかに遠く離れている。これも直結して、冒頭部分を最後の「しめしている」の直前に置き、「……みじめな失敗に終わったことを、（この）愛国武装諸勢力と人民の連続的勝利はしめしている。」とするだけでも、よほどわかりやすい。

次の訳文はどうだろうか。

窓ガラスの砕けた自動車が止っていた。ガラスの破片が泥のうえに散っていた。署長ラリーが来ていて、三人の証人をさがしていたが、ＳＮＣＣと関係のある者は相手にしなかった。証人はカールをした、ひじょうにしっかりした若い女で、彼女はひどいことをするといって大いに怒っていた。が、署長は三度彼女に頼んで証人になってくれといった。犯人は「長い髪の男で、髪をひたいに垂らしていた」。どうせそんなことをいってもわかりはしないとその女は思っているらしかった。（サリー＝ベルフレージ『黒い自由の夏を』朝日新聞社・二四七～二四八ページ）

のちに説明するように、日本語の大黒柱は述語*であって、いわゆる「主語」ではない。傍線の述語「相手にしなかった」は何を受けるのだろうか。この文章だと、「SNCCと関係のある者は」だけしか受けない。しかしこの「は」は、ガを兼務して「……関係のある者が（署長を）相手にしなかった」という意味にもとれるし、ヲを兼務して「……関係のある者を（署長が）相手にしなかった」ともとれる。この文章の限りでは前者（つまり、署長は相手にされない）のようにとるのが自然のような気もするが、それだとあとの方の文章とツジツマがあわない。すなわち、この述語は、ここで欠くことのできぬ対格（〇〇ヲ）または主格（〇〇ガ）を欠いてしまっているのだ。修飾される側だけがあって、する側が欠落している。

「だから日本語は非論理的だ」という植民地的発想が出てくるのはこういうときだ。非論理的なのは日本語なのではない。これを訳した人間、日本語を使いこなせない「使い手自身」こそが非論理的なのである。だからつづく文章も実に奇妙な日本語が並ぶ。二番目の傍線「怒っていた」という述語も、だれが怒っていたのかはっきりしない。「彼女は」怒っていた——ともとれるし、その前の「若い女」が、だれか第三者の「彼女」がひどいことをするといって怒っていた——ともとれる。「若い女」イコール「彼女」であればツジツマが合うが、それならこういう場所に「彼女」という言葉を使うべきではないだろう。そのあとの日本語も、どうにも何のことかわかりにくい。これほどひどい訳文となると、もはや修飾語の位置をいかにかえてみても、ついに意味がわからない。分解し、構造式を作ってもムダ、というより作ることができない。原書を見るほかはないだろう。

翻訳文でなくとも、修飾・被修飾の距離が離れすぎると、書いている当人もつい忘れてしまうことがある。つまり、修飾の言葉が出てきながら、被修飾語がそれを受ける形をなしていないのだ。次の例を見ていただきたい。

ここで重要なのは、非単系の社会に血縁集団が存在するばあい、必ず土地・財産などはその成員《メンバー》が共有するか、あるいは一成員《メンバー》の所有となる土地と財産とに他の成員が依存することが必要だと思われる。血縁組織そのものが、非常に流動性に富み、単系と違って成員が構造的に決定されていないから、一定の地域に居住し、一定の土地・財産を共有しない限り、成員の団結は困難である。同時に、この流動性に富むということは、いかなる経済的な環境・変化にも順応することができる。（中山書店『現代文化人類学』第三巻・九二ページ）

右の中で傍線を引いた二つの部分は、それぞれの文章の述語、つまりあとに修飾される言葉、係られる側を欠かすことができないはずだ。ところがこの文章だと、係られる側となるべき言葉が、ついにどこにも現れない。言わんとしている意味はわかるが、文法的に欠陥品なのである。これは次のように直さなければならない。

まず最初の傍線部「ここで重要なのは」は、もしこのままで述語を完全にする方法をとるなら、この文を「必要だと思われる」で終わりとしてしまっては、入れ子の底が抜けてしまっている。底とは、入れ子の中をカギでくくったときの「閉じカギ」のことだ。たとえば「必要だと思われる**点である**」として、「点である」という底をつければよろしい。これも次のように構造式にしてみるとわかりやすいだろう。

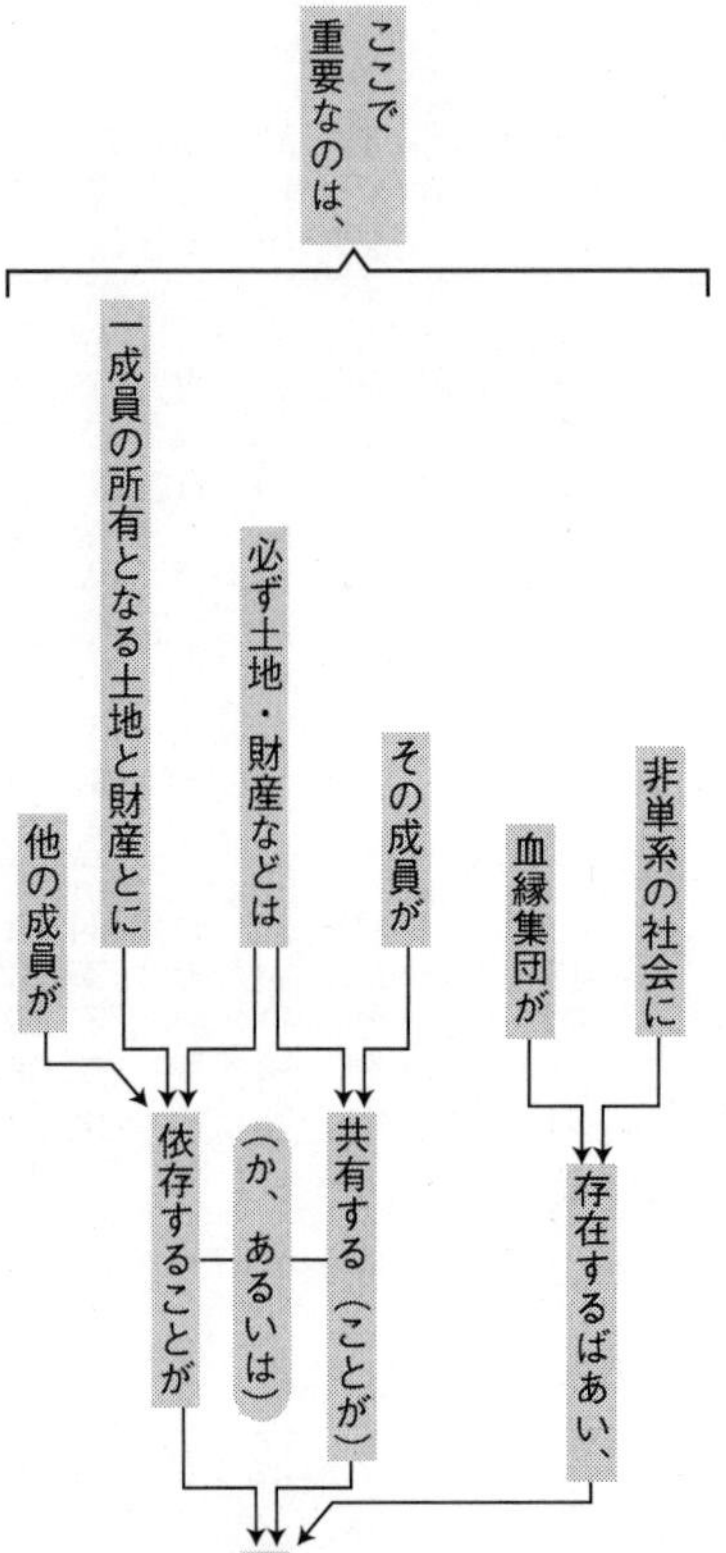

同様に、次の傍線部「この流動性に富むということは」は、「順応することができる**ということでもある**」とでもしなければ、入れ子の底がつかない。

これらをわかりやすくするためには、やはり入れ子の外側をはずして直結することだ。前の場合だと「ここで重要なのは次の点である。すなわち非単系の……」とするか、あるいは「非単系

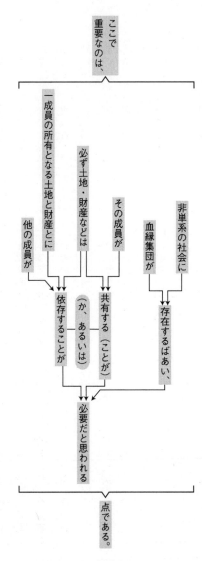

の……と思われる点がここで重要だ」とすればよい。
修飾・被修飾の関係からも底抜け文章の点でも、もっと極端な実例を引用しておく。
必要なことの一つは、スミスの経済書や倫理学の著作を通じて彼の思想の根幹をなしている人間の本性、「利己心」＝「自愛心」、そして独立の人間としての気概、それらが、国民経済そのものが彼の念願している「事物自然の成り行き」に向かわず、独占の定着、競争原理の排除、蓄積を食い潰す浪費、勤勉に対する怠惰の圧倒、に顚倒していく今日、二百年以前の『国富論』の初心にもう一度戻って事態を総体として点検し正してみる必要があろう。（『朝日新聞』一九七六年一月三一日夕刊・文化面「不思議な国のスミス」から）
修飾する側とされる側の距離に関連して注意すべきは、否定の言葉を修飾する場合だ。次の新聞記事を見よう。
運輸省の話では、シンガポール海峡は、東京湾、瀬戸内のように巨大船の航路が決められ、対向船が違うルートを運行するよう航路が分離されていない。（『朝日新聞』一九七五年四月一九日朝刊三ページ）
この記事によると、東京湾と瀬戸内海は航路が分離されているのか、いないのか、どちらだろうか。「シンガポール海峡は航路が分離されていない」というのがこの記事の骨であって、その間にいろいろ文句がはいってくる。これはしかし、修飾する側とされる側の離れすぎのほかに、もっと重要な助詞の問題もからんでいるので、くわしくは第六章であらためてふれるが、この場合の応急措置としては、やはり入れ子をはずすことであろう。意味から考えると、たぶん東京湾や瀬戸内海では分離されているらしい。とはいえ、この文章だけから文法的に考える限りそうとは断言できないので、当局に確認しなければならない。仕方がないから運輸省に電話で取材してたしかめた。（手のかかることだ。）応急措置の結果は次の通りである。

運輸省の話では、東京湾や瀬戸内では巨大船の航路が決められ、対向船が違うルートを運行するよう分離されているが、シンガポール海峡は分離されていない。

（3）応用してみると

では、この「直結の原則」をめぐる文学者と文法学者のおもしろい〝論争〟に、この問題の応用篇として私も介入してみよう。小泉保氏の著書『日本語の正書法』（大修館書店）に、修飾関係の例として次のような説明が出ている。

臼井吉見氏は、兵隊時代「積極的任務の遂行」という部隊長の統率方針をみて、「こんな日本語はない。任務の積極的遂行とすべきだ」と批判したのが部隊長の耳に達した。その才気に感じて以後部隊長は臼井氏に目をかけ、前線送りから除外してくれたので命拾いをしたと述懐している。日本語はまさしく臼井氏にとって命の恩人である。

しかし「積極的任務の遂行」という標語は別に文法的に誤ってはいない。いやむしろ正しい日本語である。いま分かりやすい例をあげてみよう。

美しい水車小屋の娘

この句における「美しい」という形容詞は決して「水車小屋」のみにかかるのではなく、「水車小屋の娘」という語句全体を修飾しているのである。すなわち、

美しい→（水車小屋の娘）

のように分解されよう。

積極的任務の遂行

ここでも「積極的」という語が「任務の遂行」という句にかかっているのであって、任務の遂行を積極的に行うようにという訓示である。

積極的→（任務の遂行）

これを臼井氏の言うように「積極的」が「任務」を修飾するのはおかしいから、「任務の積極的遂行」に改めるとするならば、シューベルトの歌謡題目も文法的に間違っていることになり、

水車小屋の美しい娘

と訂正しなければならなくなる。こうすると、

水車小屋の→（美しい娘）

という修飾構造をもつことになる。（中略）

とにかく文法は理屈ではなく了解である。臼井氏は理屈で「積極的」を「遂行」だけにかかるものと解釈したのである。理屈を言い出したら、日本語には筋の通らない語句が随分たくさんある。「腹が立つ」「腹がへる」もそうだが「私は水が飲みたい」も論理的には理解に苦しむ文である。

おそらく部隊長は「積極的任務の遂行」というモットーを何の矛盾も感ずることなく紙に書きしるしたのであろうし、これを読んだ兵隊もそのまま内容を了解したのであろう。実は

書く者と読む者、話す者と聞く者の間に了解が成立する背後に文法の規則がひそんでいるのである。この言語伝達を無意識の内に支配している文法ルールを取り出して明示するのが言語学者の仕事である。（同書三七五〜三七七ページ）

つまり小泉氏は「美しい水車小屋の娘」がむしろ正しいのであって、「水車小屋の美しい娘」では「美しい」が「娘」だけにしかかからないというのである。文法学者としての小泉保が、文芸評論家で小説も書いた臼井吉見に〝論争〟をいどんだかたちだが、すでに故人となった臼井氏には反論不可能である。臼井氏が私と同郷の信州人だからというわけではないけれど（笑）、ここで臼井氏にかわってこの〝論争〟に介入してみよう。

問題は二つある。まず小さな方から――

そもそも「美しい水車小屋の娘」というような標題――いうまでもなくこれはシューベルトが作曲したミュラーの詩の標題だが、その翻訳としての日本語がよくない。もとのドイツ語はDie schöne Müllerin である。つまりMüllerin（水車小屋の娘）は一語だ。それを「水車小屋の」「娘」というように、日本語訳は分けている。もしこれが、たとえば「織り姫」というような一言であれば「美しい織り姫」となって、問題とすべき何事もおこりえない。「織り美しい娘」などとは言えない。すなわち、直訳すればなるほど「美しい水車小屋の娘」でもいいけれど、これはあくまでも直訳的翻訳であって、できればもっと日本語としてこなれたものでありたい。最初から日本の詩人が日本語として作詩すれば、たとえば単に「水車小屋の娘」というふうになるかもしれない。だから、もともと日本語として不自然だということ。しかしこれは小さな問題である。

もう一つは重大問題と言わねばならない。すなわち、この場合「美しい」は果たして「水車小屋の娘」という語句全体にかかるのだろうか。ドイツ語の場合は一語だからその通りだが、あくまで日本語として考えるとき、やはり「美しい」は「娘」だけにかかるのではないかと私は思う。

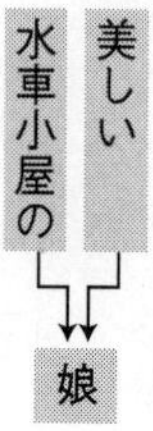

という同格のかかりあいであって、文法的には「美しい」と「水車小屋の」のどちらが先にきても正しい。そうであれば「水車小屋の美しい娘」の方が、誤解されないだけ論理的であり、したがってわかりやすく、かつ次の章（語順）でふれる意味でも、この方が優れている。もし「水車小屋」も「娘」も両方が美しいのであれば、もちろん

美しい水車小屋の美しい娘

となる。実際にはダブリを避けて——

しゃれた水車小屋の美しい娘
美しい水車小屋のきれいな娘

とでもいうのであろうが、原則的には前のように「美しい」を二つ使わざるをえない。なぜ「美しい」が「娘」だけにかかるかを考えるには、次のような実験をしてみるとわかりやすいだろう。

美しい水車小屋の赤毛の娘

こうすると、はたして「美しい」は「娘」だけにかかるのか「水車小屋の赤毛の娘」全体にかかるのか、それとも「水車小屋」だけにかかるのか、わからなくなりはしないか。むしろ「水車小屋」だけととるのが自然になる。しかし小泉氏のような「語句全体」説に従えば、この場合も――

美しい → 水車小屋の赤毛の娘

でなければならぬはずである。これはもっと極端にしてみればはっきりしてくる。――

美しい水車小屋の小さな赤毛の娘
美しい水車小屋の黒い目をした小さな赤毛の娘

小泉説によれば、こうなっても断乎として「美しい」は全体にかかるのだろうか。否。私は断乎として「娘」だけにかかると考える。すなわち

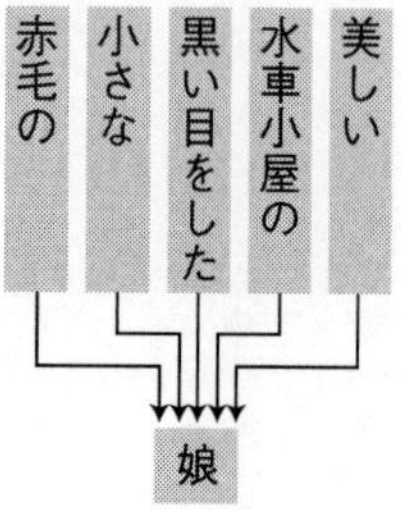

ということであって、文法的にはどれが先に来てもよろしい。そうであれば、この五つの「かかる言葉」のどれを先に、どれを後にするのが論理的かつわかりやすいかという問題になってくる。これこそが次の章の「語順」になるわけだが、以上の説明でわかるように、やはり「より良い」日本語としては、原則として「水車小屋の美しい娘」に軍配をあげざるをえない。したがって臼井吉見氏の話にしても「任務の積極的遂行」の方が「より良い」といわざるを得ない。

実は、かつて学生のころ買った『シューベルト歌曲集』（好楽社・一九五〇年）を開いてみたら、なんと扉と訳詩の標題に「水車屋の美しき娘」とあるではないか。かと思うと楽譜には「美しき水車屋の娘」と出ている。どちらでもいいということだが、論理的には「水車小屋の美しい娘」と直結する方が優れている。（なお「美しき」「水車屋の」の場合はウツクシキもスイシャヤ

ノも同じ五つの音節だから、次の章でいう語順の原則からしても「どちらが先でもいい」ことになる。だが「水車小屋の」は六音節だから、その意味でもこれが先の方がよいことになろう。）

しかし、このていどの短い語句だと、ほかの要素もからんでくる。とくに詩のようなときは日本語としての韻だの調子だの、あるいは言葉相互の親和度とか接合関係も関係してくる。その意味では「美しい水車小屋の娘」がとくに悪いともいえまい。だから「文法は理屈ではなくて了解」（小泉氏）と言えるのかもしれない。[*] ただ、ここではあくまで原則――「かかる言葉とうける言葉をできるだけ近づけるべし」という原則を重視して、以上のように説明した。とくに「美しい」は「娘」だけにかかるのだという核心は御注意ねがいたい。ついでにいえば、小泉氏は「水車小屋」という美しいイメージにひっかかってだまされたのかもしれない。たとえば「美しいブタ小屋の娘」とか「美しい水車小屋のヒキガエル」でも同じ結論になったかな？　とも思うのである。[**]

それでは、かかる言葉と受ける言葉を直結しさえすれば良くなる文章の実例をいくつか紹介しよう。「積極的任務の遂行」や「美しい水車小屋の娘」と似た例から挙げると――

野蛮な文明の敵（『赤旗』一九七九年三月三一日）

これは新聞の見出しだが、これでは「『野蛮な文明』の敵」なのか「野蛮な『文明の敵』」なのかわからない。公害や原子爆弾などは「野蛮な文明」ともいえるのだから。これも直結して——

文明の野蛮な敵

とすれば誤解される恐れはなくなる。全く同様に次の例はどうか。——

危険な政府の権威主義（『毎日新聞』一九七八年六月二六日朝刊）

これも大きな見出しである。もう説明するまでもないだろう。見出しの類で実に多いのは、まさにこの「多い」という言葉が使われるときの「離れすぎ」だ。——

多い地下室で命拾い（『朝日新聞』一九七七年三月一四日夕刊）

これだけ見ると、次のどちらなのか全く見当がつかない。——

Ⓐ「多い地下室」で命拾い

Ⓑ多い「地下室で命拾い」

これはルーマニア大地震での教訓なのだが、ルーマニアの家は地下室が多いので命拾いしたのか（Ⓐの場合）ともとれるし、地下室にいて助かった人が多い（Ⓑの場合）ともとれる。本文を読んでみてⒷだとわかるのだが、これなどは外国人で日本語を習いはじめた人はたぶんⒶと思うだろうし、日本人でも新聞の見出しのヘンなクセになれていない人だとⒶとみるだろう。これは正しくは「地下室で命拾いが多い」とすべきなのだが、これだと「が」が一字だけふえるし、見出しとしても「見出しらしさ」がなくなって困るのかもしれない。そうであればⒷのようにカギカッコでかこめばよろしい。でなければ「多くが地下室で命拾い」とか「地下室が多くを救う」「地下室の有無が生死を分かつ」「地下室で助かる」などと、よりわかりやすい別の表現を工夫すればいい。見出し係はそれが商売なのだから。次の例なんかも芸のなさの典型であろう。

　多い野党の結束のなさ嘆く声（『朝日新聞』一九七七年七月三一日朝刊）

見出しにこういう例が多いのは、一字でも少なくして最大の意味を持たせようとする無理のなせる業だから、という弁解も成りたつかもしれないが、本文中にも「離れすぎ」はしょっちゅうある。もう毎日の新聞から例を拾いだすことができるほどだ。たとえば――

　西独製品が持つ強い価格面以外の競争力（『朝日新聞』一九七七年一一月二七日朝刊）

右の中の「強い」は当然ながら「競争力」に直結しなければならない。この例なども、さきの「美しい水車小屋の娘」についての小泉氏の解釈に従えば――

強い → 価格面以外の競争力

ということなのであろうが、それならばこれはいっそのこと——

強い → 西独製品が持つ価格面以外の競争力

とやっていい——というより、こうすべきことになってしまう。これでは、さきの「多い」の見出しと同じ「ヘンな日本語」だ。だからこそ「強い」は「競争力」だけ、それ「だけ」にかかるのであって、断じて「語句全体」にかけてはいけないと私はいいたいのである。（だからこれも前述の「美しい水車小屋の娘」の場合と共通の問題であって、「美しい」は「娘」だけにかかるのだ。）この場合は「強い」という言葉だから、親和度が「価格面」よりも「競争力」により大きく働くだけましだが、たとえば「法外な」といった言葉だった場合、親和度はどちらにも同じくらいに（またはむしろ「価格面」に）働くので、もう全くわからなくなってしまうだろう。すなわち——

㋑「法外な価格面」以外の競争力

㋺価格面以外の「法外な競争力」

㋑か㋺かは、もう全く、この前後の文をよく読みなおす以外にはわからない。もう少し長い文の例を挙げてみよう——

　一方、カモシカ保護の立場から大量捕獲にたいする異議を却下された岐阜県自然環境保全連合では行政訴訟を起こすことを検討中。（『赤旗』一九七八年二月一三日）

「カモシカ保護の立場から」はどこにかかるのだろうか。自然に読めば、「大量捕獲にたいする異議を却下された」にかかるように思われるが、話のツジツマがこれでは変だ。よくよく前後を読んでみると、どうもこれは「行政訴訟を起こす」にかかるらしい。つまり次のようなことではないか。

　一方、大量捕獲にたいする異議を却下された岐阜県自然環境保全連合ではカモシカ保護の立場から行政訴訟を起こすことを検討中。

　これなどはしかし「直結すべし」という原則よりもさらに大きな「語順の原則」（次の章）ともからんでくる。文の構造を見よう。——

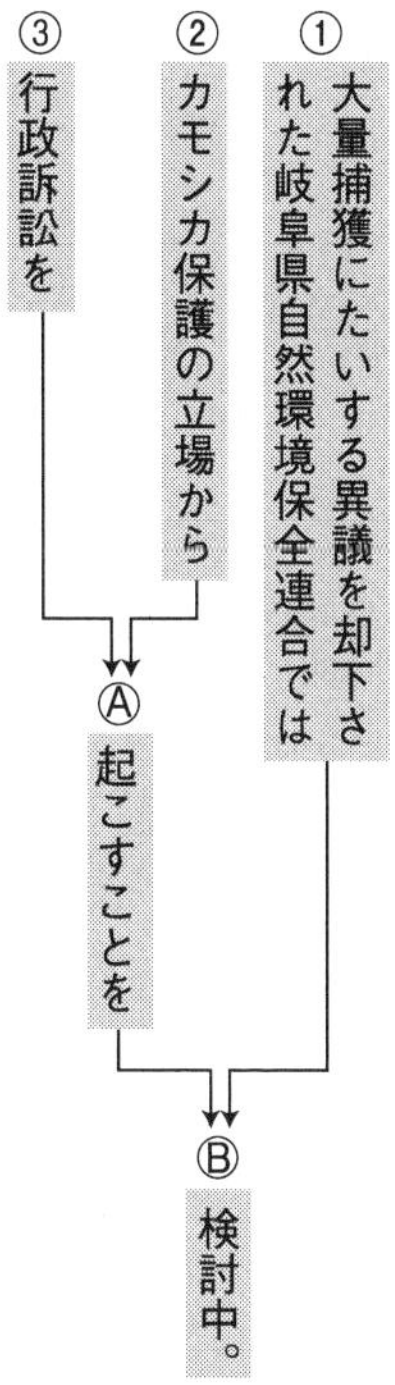
①大量捕獲にたいする異議を却下された岐阜県自然環境保全連合では
②カモシカ保護の立場から
③行政訴訟を
Ⓐ起こすことを
Ⓑ検討中。

受ける言葉にⒶとⒷがあり、Ⓐには②と③がかかっている。その上で①とⒶがⒷにかかる。「直結」原則に原文がいかにひどい違反をしているかというと、Ⓐにかかるべき②が、Ⓑにかかる①をとびこして遠く離れた冒頭に来ていることでわかるだろう。これがもし、②がⒷにかかる場合だったら、語順の原則（次章）だけの問題になるのだが、原文では「直結」と「語順」の二重違反だから実にわかりにくくなっているのである。

第三章 修飾の順序

(1) 句より節を先に

たとえば、ここに紙が一枚あるとしよう。これを形容する修飾語をいろいろ次に並べてみる。

白い紙
横線の引かれた紙
厚手の紙

右にあげた三つの修飾語をひとつにまとめて、「紙」という名詞にかかる修飾語を作るとき、順序はどうすればいいだろうか。いくつか組み合わせてみよう。まず右に書いた順序のまま並べてみると、

白い横線の引かれた厚手の紙

すぐ気づくように、これだと「白い横線」の引かれた紙、つまり横線が白いことになってしまう。では反対から並べてみよう。

厚手の横線の引かれた白い紙

こんどは横線が厚手（？）であるかのようにとられる恐れがある。残された並べ方をつぎに列挙しよう。

Ⓐ白い厚手の横線の引かれた紙
Ⓑ横線の引かれた白い厚手の紙
Ⓒ横線の引かれた厚手の白い紙
Ⓓ厚手の白い横線の引かれた紙

以上の六通りの並べ方ですべての例がそろった。この中で誤解を招きやすいのは、さきの二例のほかⒶとⒹである。ⒷとⒸなら誤解はない。

それでは、このⒷとⒸの二つの並べ方が他の四例と比べて違っている点は何だろうか。それは、「横線の引かれた」が先にあり、「白い」または「厚手の」があとにあること。すなわち、節（クローズ）が先で、句（フレーズ）があとに出ることだ（七三ページ参照）。なぜこうなるかというと、他の例ではっきりしたように、句を先にすると「横線」がそれに修飾されることになるからである。「横線の引かれた」という節が、「白い」または「厚手の」という句のあとにくると、修飾は節の中の先の方の名詞（横線）だけにかかってしまう。したがって、語順の第一の原則として、ここで次のようなことがいえよう。

❶節を先にし、句をあとにする。

これは動詞にかかる修飾語の場合も同様であって、たとえば（自動車が）「走る」という動詞について考えてみると——

速く走る。
ライトを消して走る。
止まらずに走る。

これを、もし「速く」を先にして

速くライトを消して止まらずに走る。

とすると、なんだか「ライトを消す」ことを「速く」する、つまり「速く」が「消す」を修飾するかのように読まれる恐れが出てくる。それでは次の二つのどちらが良いだろうか。

Ⓐライトを消して速く止まらずに走る。
Ⓑライトを消して止まらずに速く走る。

あきらかにⒷの方が誤解が少ない。なぜⒶが問題かというと、「速く止まらずに」とした場合、止まらぬという動作を速くする。つまり「速く」が「止まらずに」を修飾するかのようにとられる恐れがあるからだ。すなわち「止まらずに」も節だから「速く」という句より後に置いてはまずいのである。

◆――ここでいう「節」は、アングル語文法でいうクローズに、また「句」は同じくフレーズにほぼ相当するが、厳密な意味では日本語文法と同じではない。日本語文法では、「節」「句」「詞」「辞」などの用語の定義が、たとえば橋本（進吉）文法・山田（孝雄）文法・松下（大三郎）文法・時枝（誠記）文法などによって異るので、修飾順という目的のためにここではこのように簡略に定義しておいた。すなわち「節」は一個以上の述語を含む複文とし、「句」は述語を含まない文節（文の最小単位＝橋本文法）とする。

(2) 長い順に

しかしながら、同じ文のなかで節が続く場合はどうだろうか。右の例だと「ライトを消して」と「止まらずに」だから――

Ⓑライトを消して止まらずに速く走る。
Ⓒ止まらずにライトを消して速く走る。

この二つを比べてみると、Ⓑは誤解が少ないが、Ⓒは「止まらずに」が「消して」を修飾し、たとえば「止まってライトを消すのではない」という意味にとられる恐れが出てくる。しかし、そういう意味ではⒷにしても「ライトを消して止まらぬ」、つまり「ライトをつけてなら止まる」というように、「消して」が「止まる」を修飾することだってありうる。となると、なぜⒸよりもⒷの方が誤解が少ないのであろうか。

問題をハッキリさせるために別の場合を考えてみよう。こんどは格助詞による述語修飾の例で検討してみる。

AがBをCに紹介した。

右の文章は、ガ、ヲ、ニという三つの格助詞が使われている。文法家によっても違うが、ここでは故・三上章氏に従ってこの三者を次のように呼ぶことにする。

Aガ……主格
Bヲ……対格
Cニ……方向格

さて、これはのちの章で詳述するが、日本語の場合この三者の資格は対等であって、いずれも「紹介した」を修飾する補足語だ。そして、これが重要なのだが、対等の資格だから順序も対等で、どれが先でもよろしい。すなわち、次の各例はどれも文法的に正しいし、また文章として不自然でもない。

①AがBをCに紹介した。
②AがCにBを紹介した。
③BをAがCに紹介した。
④BをCにAが紹介した。
⑤CにAがBを紹介した。
⑥CにBをAが紹介した。

つまり、これは「紹介した」という述語をめぐるAとBとCの三人の関係なのだ。中心は述語に、述語だけにあって、他の三者はその付属物にすぎない。したがってこの三つの語は順序が全く自由であり、順序によって「わかりやすさ」に差ができることもなければ、論理が変わってくることもない。これは大前提である。

ところが、BとCの二人に次のような修飾語をつけてみよう。

私がふるえるほど大嫌いなB
私の親友のC

これをさきの「紹介した」という述語を中心とする文章にそのまま当てはめて、六つの語順を並べてみる。

①Aが私がふるえるほど大嫌いなBを私の親友のCに紹介した。
②Aが私の親友のCに私がふるえるほど大嫌いなBを紹介した。
③私がふるえるほど大嫌いなBをAが私の親友のCに紹介した。
④私がふるえるほど大嫌いなBを私の親友のCにAが紹介した。
⑤私の親友のCにAが私がふるえるほど大嫌いなBを紹介した。
⑥私の親友のCに私がふるえるほど大嫌いなBをAが紹介した。

右の中で、どれが最も自然で、したがってわかりやすい文章だろうか。一読してわかるように、それは④である。反対に、不自然でわかりにくい文章はどれか。たぶん①②⑤などであろう。こうした違いはどこからくるのだろうか。

念のためにもうひとつ別の例をあげてみる。これは阪倉篤義氏がその著書『日本文法の話』で出している文例だ。

㈠初夏の雨がもえる若葉に豊かな潤い《うるお》を与えた。

これもガ・ヲ・ニの三つの格助詞を使って述語「与えた」を補足している。語順をいろいろに変えてみよう。

㈡初夏の雨が豊かな潤いをもえる若葉に与えた。
㈢もえる若葉に初夏の雨が豊かな潤いを与えた。
㈣もえる若葉に豊かな潤いを初夏の雨が与えた。
㈤豊かな潤いを初夏の雨がもえる若葉に与えた。
㈥豊かな潤いをもえる若葉に初夏の雨が与えた。

もちろん多少の差は感じようが、決定的にどれがわかりやすいと決めることはできない。ところが、この中の「初夏の雨が」から「初夏の」を除いて、単に「雨が」とし、語順を比べると次のようになる。

①雨がもえる若葉に豊かな潤いを与えた。
②雨が豊かな潤いをもえる若葉に与えた。
③もえる若葉に雨が豊かな潤いを与えた。
④もえる若葉に豊かな潤いを雨が与えた。
⑤豊かな潤いを雨がもえる若葉に与えた。
⑥豊かな潤いをもえる若葉に雨が与えた。

さて、どれが最も自然で読みやすいだろうか。もはや「多少の差」とはいえず、読みやすさ・わかりやすさに「かなりの差」を認めざるをえないだろう。①だと「雨がもえる……」となって、「もえる」は「雨」を受けるかのような感じを一瞬受けなくもない。これが雨だからいいものの、たとえば「太陽」だったらますますそうなるだろう。そうした誤解を一瞬たりとも与えずに、読む順に自然に理解できるものは、④か⑥である。この二者で優劣を決めれば④であろう。しかしこの④と⑥の差は、さきの「初夏の雨が」の比較の場合の㈣と㈥の差と同じことである。したがってこれは、「初夏の」を除いた結果とは関係がない。

次に、こんどは「もえる若葉」の「もえる」を除外して、語順を比べてみる。

①初夏の雨が若葉に豊かな潤いを与えた。
②初夏の雨が豊かな潤いを若葉に与えた。
③若葉に初夏の雨が豊かな潤いを与えた。
④若葉に豊かな潤いを初夏の雨が与えた。
⑤豊かな潤いを初夏の雨が若葉に与えた。
⑥豊かな潤いを若葉に初夏の雨が与えた。

こんどはどうか。さきに最も自然だった④が、明らかに変調子となったことが理解できよう。自然に読めるのは②と⑤であり、さらに加えるとすれば①である。ではもうひとつ、「豊かな潤いを」から「豊かな」を除いてみる。

①初夏の雨がもえる若葉に潤いを与えた。
②初夏の雨が潤いをもえる若葉に与えた。
③もえる若葉に初夏の雨が潤いを与えた。
④もえる若葉に潤いを初夏の雨が与えた。
⑤潤いを初夏の雨がもえる若葉に与えた。
⑥潤いをもえる若葉に初夏の雨が与えた。

決定的に悪いのは⑤と⑥、良いのは①と③である。ほかに②でも抵抗は少ない。

以上、かなりくどく実例をあげてきたが、こうした実験から何がいえるのかを引きだしてみよう。これまでにあげてきた実例について、述語に対する修飾関係を、例によって構造式風に示すと次のようになる。

【第一例】

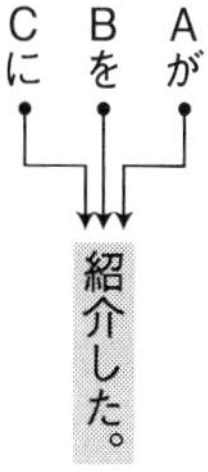

［第二例］

Aが

私がふるえるほど大嫌いなBを

私の親友のCに

紹介した。

［第三例］

初夏の雨が

もえる若葉に

豊かな潤いを

与えた。

［第四例］

雨が

もえる若葉に

豊かな潤いを

与えた。

［第五例］

初夏の雨が

若葉に

豊かな潤いを

与えた。

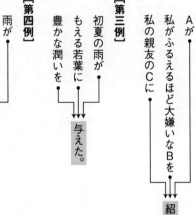

【第六例】

初夏の雨が
もえる若葉に
潤いを
与えた。

こうしておいて、これらの中で「自然で読みやすかった語順」を改めて拾ってみると、次の通りである。

【第二例】

私がふるえるほど大嫌いなBを
私の親友のCに
Aが
紹介した。

【第四例】

もえる若葉に
豊かな潤いを
雨が
与えた。

【第五例】

初夏の雨が
豊かな潤いを
若葉に
与えた。

【第六例】

初夏の雨が
もえる若葉に
潤いを ●→ **与えた。**

第一例と第三例は、さきに述べたように、語順をどう変更しても大差はない。となると、こうして「良い語順」を並べた結果、共通している要因として、次のような原則があることがわかる。

❷長い修飾語は前に、短い修飾語は後に。

もちろん、それぞれのケースによって他のさまざまな要因もからんでくる。しかしこの原則は、物理的な単なる「長さ」だけの問題であるにもかかわらず、文のわかりやすさ・自然さを決めるための最も重要な基礎をなすものといえよう。* 新聞社に就職して最初校閲部にいたころ、記事をわかりやすくするためゲラ刷りで順序を入れかえているうちにこのことに経験的に気付いたけれども、すでにこれは原則とされていることを私が最初に教えられたのは、やはり北海道でのかけだし記者のころ読んだ岩淵悦太郎氏編著による『悪文』という本だった。奥田靖雄著『正しい日本文の書き方』から引用としてかんたんに紹介されているが、私には現場への応用実践としてたいへん有益だった。この第三章はこうした背景を発展させたものといってもよい。

そこで先の「ライトを消して……」の例をもう一度検討してみる。長い修飾語の順だと、

ライトを消して
止まらずに
速く ● → **走る。**

となって、これが最も自然で、誤解をうけることの少ない語順である。「止まらずに」を先にすると、原則にはずれるから変調子になる。*

かくて、語順には第二の原則があることが理解できた。これらの原則は決して、よくある「主語と述語を近くすべし」といった文章論と同じものではない。たとえば「修飾する側とされる側の距離を近くせよ」という表現であれば、前章で明らかにされたように、正しい関係を論じたことになろう。問題の本質は、いわゆる「主語・述語」関係ではないのだ。たとえば次のような例で考えてみる。

Ⓐ明日はたぶん大雨になるのではないかと私は思った。
Ⓑ私は明日はたぶん大雨になるのではないかと思った。

右の二つでは、Ⓐの方がイライラしなくて読める。なるほどこの場合は、いわゆる「主語・述語」がⒶの方が近いからわかりやすいともいえよう。では、次の例はどうか。

ⓐ明日は雨だとこの地方の自然に長くなじんできた私は直感した。

ⓑこの地方の自然に長くなじんできた私は明日は雨だと直感した。

この二例では、明らかにⓑの方がわかりやすい。しかしいわゆる主述関係からすれば、ⓐの方がわかりやすくなければならぬはずである。これは実は当然であって、「主述関係」などというものは、日本語の作文を考えるとき、百害あって一利もないのである。（本書ではくりかえし強調するが、「主語」という日本語はヨーロッパの主流言語からの植民地的移植であって、いったん棚上げするほうが思考が自由になる。）これらの実例を支配する原則は、さきの「長い修飾語を前に」に相当する。

明日はたぶん大雨になるのではないかと
私は → **思った。**

つまり、どちらも「思った」という述語にかかる二つの修飾語のうち、「私は」は物理的に単に短いから後にする方が良いにすぎない。同様に、

この地方の自然に長くなじんできた私は
明日は雨だと → **直感した。**

の場合も、「……私は」が単に長いから前にする方がよいのである。

（3）大状況ほど前へ

さて、「初夏の雨が……」の文例を検討中に保留しておいた件があった。それは次のような比較である。

Ⓐもえる若葉に豊かな潤いを初夏の雨が与えた。
Ⓑ豊かな潤いをもえる若葉に初夏の雨が与えた。
ⓐもえる若葉に豊かな潤いを雨が与えた。
ⓑ豊かな潤いをもえる若葉に雨が与えた。

さきにⓐとⓑとでは、ⓐの方が優ることがわかったが、それはⒶとⒷでも同様のことがいえる。この原因は何であろうか。別の例で考えてみよう。

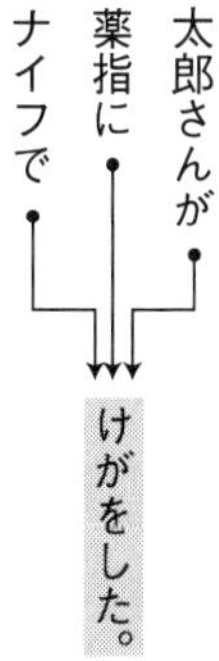

これは「けがをした」という述語に、たいして長短の差がない三つの修飾語がかかっている。
明らかに自然な語順は――

太郎さんがナイフで薬指にけがをした。
太郎さんが薬指にナイフでけがをした。

の二つであって、反対の悪い例は次の四つだろう。

ナイフで薬指に太郎さんがけがをした。
薬指にナイフで太郎さんがけがをした。
ナイフで太郎さんが薬指にけがをした。
薬指に太郎さんがナイフでけがをした。

こんな例はどうだろうか。

日本列島の上空に
花子の放った風船が
小さな点となって
消えていった。

明らかにまずい順序は、「小さな点となって」を先にする場合だ。

小さな点となって日本列島の上空に花子の放った風船が消えていった。

しかし、これとても「小さな点となって」を長くし、他を短くして「長い修飾語は前に」の原則に当てはめてみると、

上空に
花子の風船が
針の先のような小さな点となって
→消えていった。

となり、「針の先のような小さな点となって」を冒頭に置いてもよくなる。したがってあくまで長短に大差ないもの同士としてこれまでの例から考えてみると、まず、

Aが
Bを
Cに
→紹介した。

このＡＢＣ三者は、重要性やら状況やらが平等であり、対等である。ところが、

初夏の雨が
もえる若葉に
豊かな潤いを
→与えた。

となると、長短問題や格助詞の点からは三者平等だが、内容の意味するところが平等ではない。たとえば「初夏の雨」が全体の中で占める意味は最も重く、大きな状況をとらえている。しかし「豊かな潤い」は、「初夏の雨」という状況の中での小さな状況であり、「もえる若葉」のさまざまなありようの中の、ひとつのあらわれ方にすぎない。そこで——

❸大状況から小状況へ、重大なものから重大でないものへ。

という第三の原則があることに気付く。だからこの場合の最良の語順は、

初夏の雨がもえる若葉に豊かな潤いを与えた。

であり、最悪の語順は

豊かな潤いをもえる若葉に初夏の雨が与えた。

となろう。もう一つの例でも、「けがをした」という大黒柱にかかる三つの言葉の中で、大状況あるいは重要なのは「太郎さん」であって、決してナイフではない。また「小さな点となって」も「日本列島の上空」より小状況であり、重要でないことはもちろんであろう。

それでは、修飾の順序が悪い実例をあげて、以上に述べた三つの原則の適用による改良を試みてみる。

チリ美人は、アルゼンチンの肉をたっぷり食べているセニョリータにくらべると、ぐっと小柄である。（『女ばかり南米大陸をゆく』読売新聞社）

右の「アルゼンチンの」という修飾語は、これだと「肉」にかかるとみるのが自然な読み方である。しかし事実は次のような関係にあるのだ。

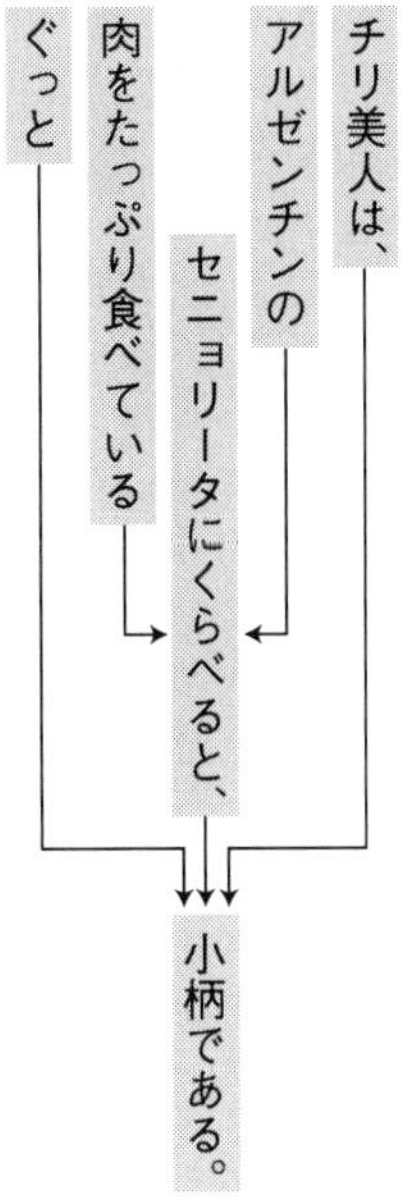

とすれば、原則の適用によって次のように改良するのが最も自然であろう。

肉をたっぷり食べているアルゼンチンのセニョリータにくらべると、チリ美人はぐっと小柄である。

もうひとつ別の実例。

ポルトガルとのあいだに休戦協定がむすばれ、ＭＰＬＡ指導部の第一陣として一九七四年の暮れに、解放闘争初期からの指導者の一人ルシオ・ララにひきいられた代表団がルアンダの空港についたとき、五万人からなるアフリカ人の群衆が空港をとりかこみ、ララ同志をかついでルアンダの中心へむかった。(『アンゴラ解放戦争』岩波新書)

この中で悪文は「MPLA指導部の……空港についたとき」の部分である。これは「ついた」という述語を次の四つが修飾している。

㋑ MPLA指導部の第一陣として
㋺ 一九七四年の暮れに、
㋩ 解放闘争初期からの指導者の一人ルシオ・ララにひきいられた代表団が
㋥ ルアンダの空港に
→ ついた。

これは原則❶と❷から考えると、順序は㋩㋑㋺㋥だから次のようになる。

解放闘争初期からの指導者の一人ルシオ・ララにひきいられた代表団がMPLA指導部の第一陣として一九七四年の暮れにルアンダの空港についたとき、

このままでもよいが、もし原則の❸によって㋺を最初にもってきたいのであれば、次のようにして読点《とうてん》をうてばよい。読点の理由は次の第四章で述べる。

一九七四年の暮れに、解放闘争初期からの指導者の一人ルシオ・ララにひきいられた代表団がMPLA指導部の第一陣としてルアンダの空港についたとき、

しかし、休戦協定と第一陣到着とは時間的にどちらも「一九七四年の暮れ」としてまとめられるものであるから、この㋺は文全体の最初にもってきて「一九七四年の暮れにポルトガルとのあいだで休戦協定が……」とする方がより良いだろう。

(4) 親和度（なじみ）の強弱

ところでこれまで述べてきたことは、言ってみれば〝物理的〟な問題であった。しかし最後にとりあげなければならないのは、むしろ心理的な問題に属することである。以下、実例に即して考えてみよう。さきに次のような阪倉氏の文例を挙げた。

初夏の雨がもえる若葉に豊かな潤いを与えた。

この中の「もえる」という言葉の親和度、つまりなじみの強弱を検討するために、この文例を次のように変形する。

初夏のみどりがもえる夕日に照り映えた。

これは梅棹忠夫氏と話していたときに梅棹氏が即興的に変形してみた文例だが、これまで述べてきた三つの原則からこれを考えると——

初夏のみどりが
もえる夕日に
照り映えた。

つまり❶句や連文節から言っても関係ないし、❷長い順からすれば同じくらいだし、❸状況の大小としても大差はない。そうするとどちらが先でもいいようなことになるけれども、ここで問題になるのは「みどりがもえる」の「みどり」という言葉と、「もえる夕日」の「もえる」との親和性だ。なじみが強すぎる。だから読みながらしてゆくと、つい「みどりがもえる」と誤読する瞬間が出てくるのである。しかしすぐあとに「夕日」があるから、ああ「もえる」は「夕日」の方にかかるのかと気付く。要するに「わかりにくい」文章になるわけだ。これを逆にして——

もえる夕日に初夏のみどりが照り映えた。

とすれば、誤解のおきる余地はない。これは実は私たちが原稿を書いていてしょっちゅうやっていることなのである。「あ、こうやったらここが誤解されるかな」と思って順序をひっくり返したり、別の言葉に入れかえたりをいつもやっている。
それではもう一つの実例として、さらに高度な（?）場合を考えてみよう。まずさきの原形の文例をまた見ていただきたい。

初夏の雨がもえる若葉に豊かな潤いを与えた。

これについて、林暢夫氏はおよそ次のように指摘された。[*]つまり「与えた」という言葉は、けっして何にでもつく言葉ではないというのである。たとえば――

黒板が白墨を与えた。

というようなことは、文法的には可能だけれど、実際はありえない。だいたい「与えた」という言葉が成り立つのは、「人間」（または動物）が「物」を「与えた」ようなときにほぼ限られる。反対に「物が人を与えた」ということは、文法的には可能だけれども、普通はないことだと。そうすると「与えた」という言葉が相手として選び得る言葉は、案外せまいものになってくる。いろんな言葉が論理的には可能だけれども、実際にはそんなに何でも選べるわけではない。「与えた」にくっつく言葉とは、たくさんある言葉の中で案外少ししかない。「雨が潤いを与えた」という言い方は日本語として不自然な表現である。「物」が「物」を与えている。翻訳調だ。この場合「与えた」なんて言葉を使わない方がいいのではないかということを林暢夫氏は主張しているのである。
これは重要な指摘だと私も思う。ここで「与えた」が問題とされたようなことは、実は他のすべての言葉にも言えるのではないか。要するに、日本語に限らず、あらゆる言語のあらゆる単語には、それぞれ独得の親和度（なじみの範囲、接合関係）があるのだ。それを無視すると「ヘンな文章」や「ヘンな会話」になってしまう。たとえば「若葉」という単語の親和度を考えてみよう。「もえる」や「みどり」とはどうだろうか。——

もえる若葉
みどりの若葉

どちらも強い親和度がある。しかし二つのどちらがより一層強いかというと、「若葉」に密着するのは「みどり」であろう。いわば両者の「親和領域」がより大きく重なっている。図にあらわすと次のようになる。

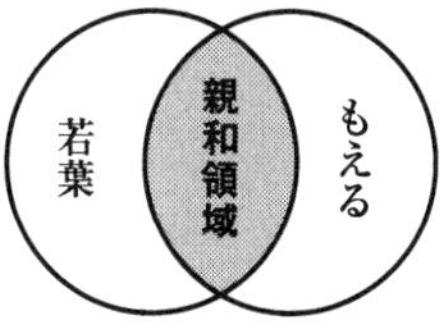

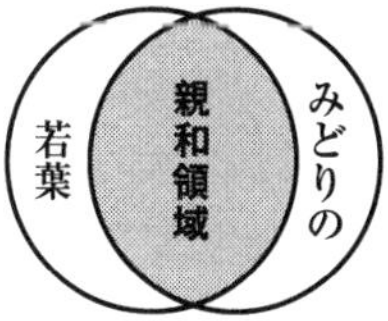

ところが一方では「もえる」と「みどり」の両者にもかなり強い親和領域がある。したがって三つの単語を一緒につなぐと三重の親和領域ができて、これではどれがどちらに付くのかわかりにくくなってしまう。

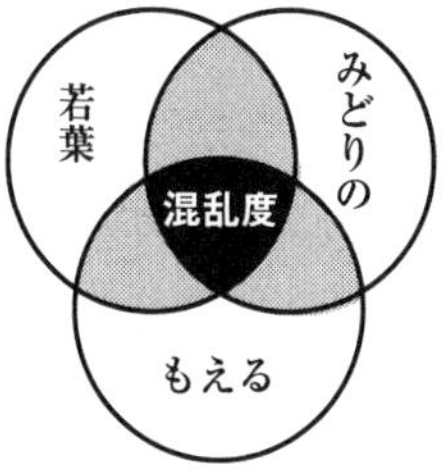

つまり三重の領域——「混乱度」とでも言えようか、これが広いほど混乱もひどくなる。とこ

ろが、「若葉」に対してたとえば「三角の」という言葉をもってくると、「三角の若葉」というものも論理的には可能だけれども実際にはなじみにくい。それでも若葉となれば四角や三角や円形やいろんな形があるから、少しはあるかもしれない。全くの不可能ではない。少なくとも接点はある。——

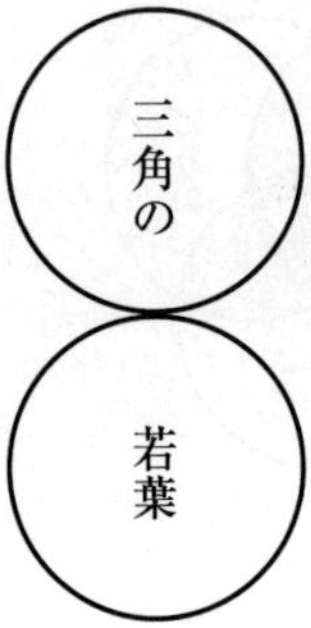

しかしもっと極端にして、たとえば「バカな」という単語を考えてみよう。すると「バカな若葉」というふうにはいえないので、どう考えても重なる領域がなくなってしまう。——

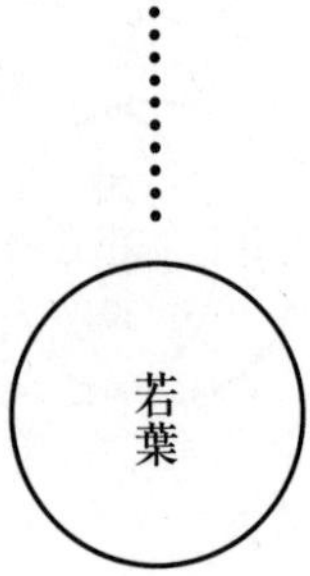

しかし「バカな」がたとえば「男」に対してであれば、とたんに親和領域が広くなる。「もえ

る」も「男」に対しては同様だが、「みどりの」は無理になる。（みどりの服の、といった別の意味なら可能だが。）——

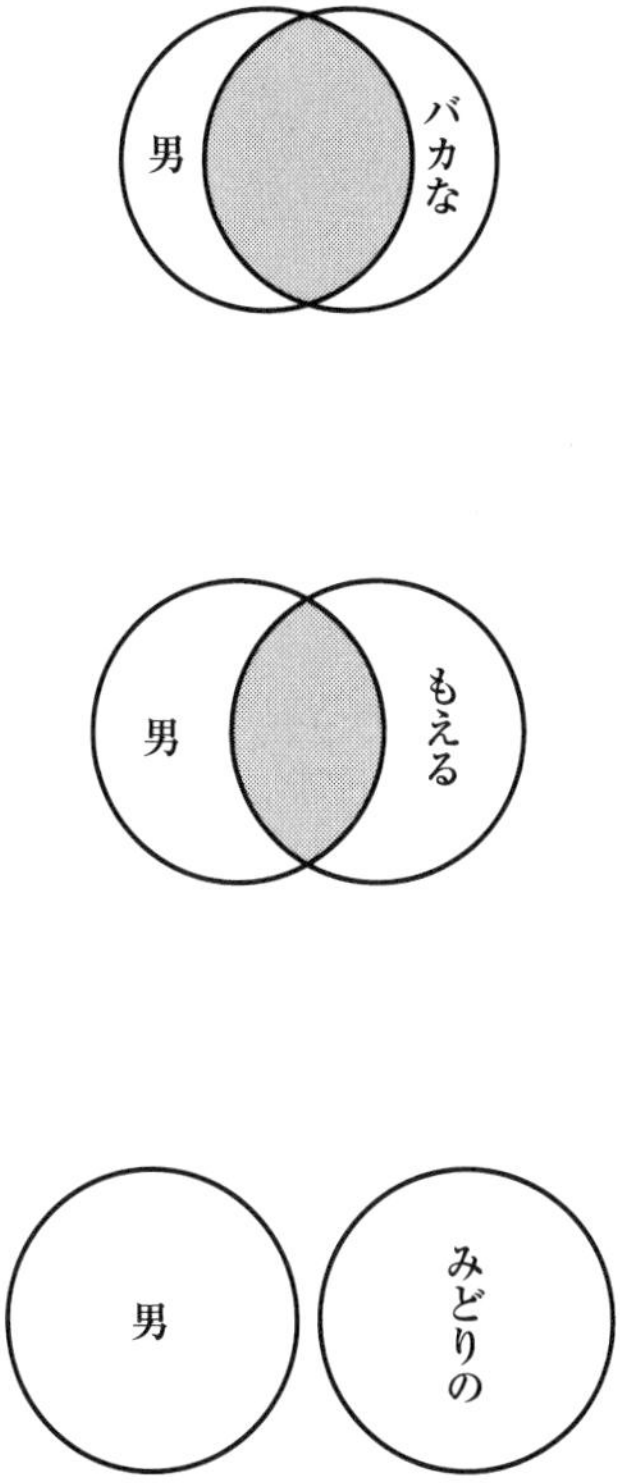

と、このようなことが「親和度」の問題である。これを文章の流れの中で順序として考えるとき、電池の並べ方にたとえることもできよう。電池を懐中電灯の中に入れるとき、たとえば三個を直列に並べると、明るさは三倍になるが消耗は一個と同じだ。しかし三個を並列に並べると、明るさは一個と同じでも三倍も長もちする。同様に、単語が直列的にかかってゆくときは親和度の強さに従うとして、並列的にかかるときは親和度が強いほど引き離す。近づけない。親和度を磁場と見てもいい。たとえば——

初夏のみどりに↓もえる若葉が↓全山を包む。

これは直列的だが、次のように並列的にかかる場合は親和度の強い単語（「みどり」と「もえる」）を遠ざける。

初夏のみどりが
もえる夕日に
→照り映えた。

つまり「もえる……」の方を次のように先にするという前述の結論となる。

もえる夕日に初夏のみどりが照り映えた。

そして「与える」という言葉はこれにつながるべき他の言葉――「雨」「若葉」「潤い」との間に強い親和関係がなければならないのに、これでは「翻訳調」でなじみが弱くなる。しかし「照り映えた」であれば「夕日」や「みどり」との間の親和度はかなり強いから、日本語としてのすわりもよろしい。

すなわち、第四の原則として――

❹親和度（なじみ）の強弱による配置転換。

という問題が明らかになった。ただし、たとえばこの例でいうと「もえる若葉」——これは一種の慣用句に近い。このことは、手垢のついた紋切型を使えということではない。「もえる若葉」という表現が初めて使われたときは新鮮だったかもしれないが、もはや一種の慣用句に近づいている。だから詩人は慣用句的な使い方を避けたがって、たとえば若葉なんか燃えてないんだ、あれは叫んでいるんだとして「叫ぶ若葉」というような表現を使い、そこに新鮮な独自の言葉が生まれる。だから決して「慣用句を使え」という意味にはとらないでいただきたい。

この章の検討結果を要約しよう。修飾語の語順には四つの原則があり、重要な順に並べるとそれは次の通りである。

❶節を先に、句をあとに。
❷長い修飾語ほど先に、短いほどあとに。
❸大状況・重要内容ほど先に。
❹親和度（なじみ）の強弱による配置転換。

この四つの原則のうち、とくに重要なのは最初の❶と❷の二つで、この二つの重要性はほとんど同等の比重とみてよい。❶と❷のどちらを優先するかは、その文の情況で判断する。

（5）「修飾の順序」実践篇

では、以上に示した四原則によってさまざまな文例を検討してみよう。

自分の生命を敬愛していた太宰治の前で絶ったのである。（講談社『酒飲みのための科学』二〇五ページ）

これだと太宰治が「自分の生命を敬愛していた」ことになりそうだが、実は次のような関係なのである。

敬愛していた太宰治の前で →
自分の生命を →
絶ったのである。

これは当然、「長い順」と「節を先に」の原則が適用されて次のようになる。

敬愛していた太宰治の前で自分の生命を絶ったのである。

この場合「親和度」も少しからみ、「生命」と「敬愛」とのなじみ具合も問題となろう。次の例はもっと強く「親和度」があるために誤解がひどくなっている。

埼玉県蕨市で三十日夜、実の娘夫婦が胃がんなどのために「死にたい」と漏らす老母をバイクで荒川まで連れて行き、入水自殺を見届けるという事件が夫婦の自首で明るみに出た。
（『朝日新聞』一九七七年一〇月三一日夕刊）

胃がんになっているのは「母」なのだが、これだと少々考えなければ「娘夫婦」が胃がんのようにも読みとれる。これを「長い順」に並べると、

胃がんなどのために「死にたい」と漏らす老母を ←
実の娘夫婦が ←
荒川まで ←
バイクで
　　　連れて行き

となるから、「節を先」の意味でもこのまま並べることで万事解決するが、これは「胃がん」と「娘夫婦」「母」との強い親和度を引きはなす結果にもなろう。もし「娘夫婦が」を先にもってきたいのであれば、そのあとにテンをうつことで可能になる（次の章で検討）。この種の悪文は、新聞の前文（まえがき・リード）で全体を要約しようとするときに起こりがちな例のよう

だ。次の例も前文からとった。

三日、愛知県南知多町の知多湾で、ゴムボートから兄がいっしょに釣りに来ていた弟を冬の海に突き落として殺し、弟にかけていた三千万円の保険金を詐取しようとした事件が発覚した。(『朝日新聞』一九八〇年二月四日朝刊)

これを右の文の通りの順序で並べると——

①ゴムボートから ←
②兄が ←
③いっしょに釣りに来ていた弟を ←
④冬の海に
突き落として殺し、

となる。いかにひどいものかわかるであろう。「節を先に」「長い順に」と機械的に直せば——

いっしょに釣りに来ていた弟をゴムボートから冬の海に兄が突き落として殺し、

となる。これでかなりよくなったけれど、さらに改良すれば、①②④は長さに大差がないので、そういう時は第三の「大状況から先に」の原則を適用して、③のあとを④②①とする。さらに「兄弟殺人」を強調するために④より②の方が重要と思えば②④①としてもよい。次の例も前文からである。

十九日夕、北海道十勝支庁中札内村で、大型ダンプカーと曽祖父《そうそふ》からひ孫まで一家五人が乗った軽四輪乗用車が衝突、四人が即死し、一人が重体の事故があった。（『朝日新聞』一九七九年九月二〇日朝刊）

「長い順」違反のひどい例だ。「大型ダンプカーと」は「衝突」の前に置かなければダメ。

屋上から突き落とせば確実にかけがえのない命を奪うことになる、と大人は思う。（『朝日新聞』一九七九年一〇月一三日朝刊）

右の「確実に」には「（かりがえの）ない」と「奪う」との双方に親和力があるために、「確実に（かけがえの）ない」のか「確実に奪う」のかわからない。意味からすればどうも「奪う」の方のようだが、絶対にそうだとは断言できない。「奪う」の方であればやはりこれは「長い順」に「直結」させて「確実に奪う」とすべきであろう。

横領した金の使い道について、Aはくわしい供述をしていないが、あねご肌《はだ》で、よく部下を連れて飲み歩いていたうえ、四十七年ごろに宝塚市の閑静な住宅街に現在住んでいる木造二階建ての自宅を新築しており、府警ではその資金にしたのではないかとみている。（『朝日新

聞』一九七八年七月一日朝刊）

これもよく読まないとわかりにくい例だが、全く単純に「四十七年ごろに」を「新築しており」の前に置いて「長い順」とするだけのことで解決する。次の例——

ポリ袋に便をぬった塗布紙を入れて提出してください。（検便の説明文）

これでは「クソをポリ袋に」ぬるかのようだ。しかし文意は異なり、修飾関係を示すと次のようになる。

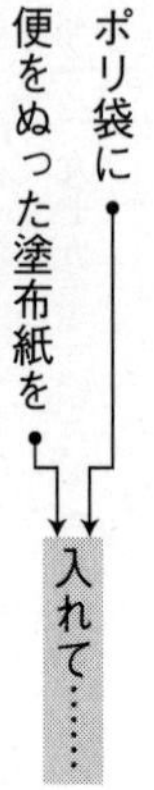

これもごく物理的に次のように「長い順」に並べれば誤解されない。

便をぬった塗布紙をポリ袋に入れて……

次の例も同じ原理で訂正できる。

……Y子さんは一六日午後、事件後初めて現場となった支局二階の編集室を訪れた。（『朝日新聞』一九八七年五月一七日）

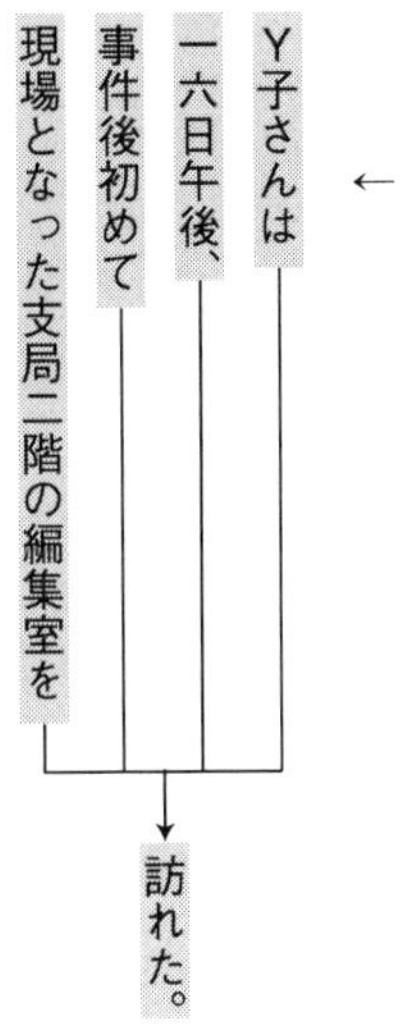

もしこれを全く機械的に「長い順」にすると次のようになる。

現場となった支局二階の編集室を一六日午後事件後初めてY子さんは訪れた。

しかしここで、「Y子さんは一六日午後」を冒頭にもってくる必要があると筆者が判断する場合には、そのように移動した上で次のように読点（テン）をうつことになる。つまり「長い順」が逆になった場合にテンが必要になる（次章）。

……Y子さんは一六日午後、現場となった支局二階の編集室を事件後初めて訪れた。

次の例も同様だから、もう分解する必要はないだろう。

高橋は立ち上がり、6球でうるさい真弓と弘田をうち取った。（『朝日新聞』一九八五年一一月三日）

高橋は立ち上がり、うるさい真弓と弘田を6球でうち取った。

←

＊

最後に、言葉の順序の問題を論じてきたこの章の余談として、私とは正反対の作文技術を説いている本を御紹介したい。

それは「ぎょうせい」という出版社から出ている『私の文章作法』という単行本（一九七八年刊）である。著者はある有名な紀行文作家だが、ここで私はこの本の欠陥を論じるわけだし、この著者に対してはむろん悪意など毫《ごう》も持たない故、お名前は挙げないことにしたい。（「X氏」と仮称しよう。）また語順以外の部分については学ぶべきことも多いと思われるので、私がこの欠陥を指摘したからといって、著者の人格の根源にかかわる種類の問題ではない。（ただ、文法的な問題についてはこの本は各所にズサンな発言が目立つ。）しかし、かなりの影響力を持つ（二、三の高校の国語入試問題にこの著者の文章が出たという）と思われる著者の本として公刊されたものだから、やはり指摘せざるをえないし、また「長い順に」ということを考える上で格好の例文でもある。

それでは、この本の「修飾句の並べ方」という章から冒頭の三ページほどを以下に引用しよう。

日本文の特色は、「動詞」が文末にくることであることはすでに指摘したが、このために、主語を修飾する部分が長くなると、読みにくくなり、修飾句が、二つ、三つと重なってくると、さらにわずらわしくなり、もう少し整理してほしい、と思いたくなる。

このために、いわゆる技術的処理を考え、

短い修飾句を前におく
長い修飾句は後におく

という原理を指摘している人は多い。

一例をいえば、

太く、よく育った、年輪のゆたかな竹。

という一文があるとする。

この場合に、「竹」を修飾する言葉を、短い順から書いてゆくと、読みやすくなり、表現も安定するというわけである。その証拠に

年輪のゆたかな、よく育った、太い竹。

と書くと、「頭でっかち」になり、リズムも乏しい。日本文の場合は、リズムも大切である。

(これに関しては、リズムについての章を参照)

また、人間を修飾するケースならば、

　色白で背の高い、教養のありそうな男性
と書く方が、
　教養のありそうな、背の高い、色白の男性
とするより「安定する」といえるのである。
　じつは、この並べ方は、日頃、よい文章を読み、リズム感を養えば、ある程度、馴れてこようが、読む者にとって、別の「抵抗」は、シャベリ言葉でわかりやすく書こうとするあまり、次のように、口をついて出てくる言葉を、つみかさねてしまうことである。
　私は、女性は結婚して、家庭にどっぷりとつかり、なまぬるい生活を送るのがよいと、
　考えているのでは、けっしてない。
「結婚」に関する、一女子学生の文である。
　これは、シャベってみせれば、相手が理解できるが、書いてみると、まわりくどい上に、最後の動詞が「否定」とくるので、ますます混乱させられる一例である。
　この文章を分解してみると、
　A　私は、
　B　女性は結婚して、
　C　家庭にどっぷりとつかり、
　D　なまぬるい生活を送るのがよいと、

E　考えているのでは、
F　けっして
G　ない。

七つの部分に分けられるが、これは、次のように倒置、入れかえしてみると、やや、わかりやすくなる。

B　女性は結婚して、
C　家庭にどっぷりとつかり、
D　なまぬるい生活を送るのがよいと
A　私は、
F　けっして
E′　考えて（いるのでは）
G′　いない。

E′G′は、E、Gの表現を少々変えて収めてみたものである。

右の一文を最初に読んだとき、「前」と「後」がひっくりかえった校正ミスかと思った。「短い修飾句を前におく」の「前」がである。しかもつづいて「という原理を指摘している人は多い」というのだから。

つまり、「長い方を前に」なら、指摘している人はかなりあるが、その反対に「短い方を前に」という〝原理〟を指摘する人など、私の見た何十冊もの文法書や文章作法の本の中に一人としていなかった。X氏が初めてである。ところがそのあとを読んでみて、これは校正ミスではなくて本気なのだとわかった。ここにあげられた実例を検討してみよう。

太く、よく育った、年輪のゆたかな竹

竹に年輪があるのも変な話だけれど、ここでは別問題としよう。X氏によれば、これらはすべて「竹」にかかる言葉だという。つまり――

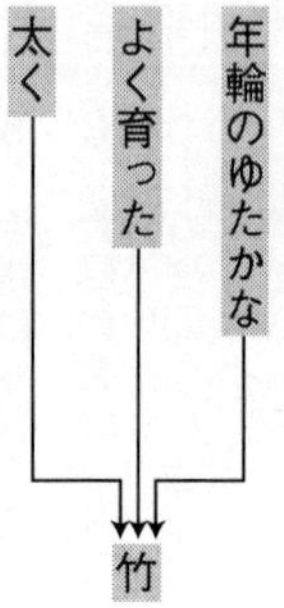

ということになる。いったいだれが「太く竹」と言うだろう。「竹」にかかるときは連体形「太い」以外にはありえない。つまりこれは次のような関係なのだ。

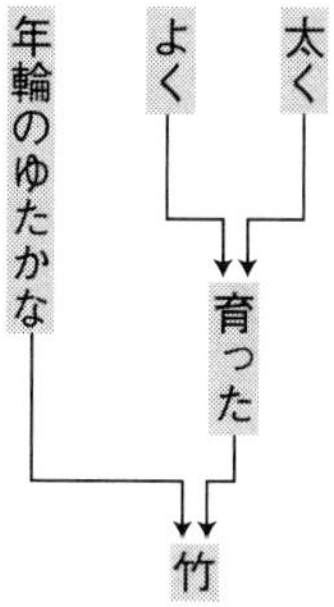

だからこそ「長い順に」かつ「節を先に」の原則を適用して——

太くよく育った年輪のゆたかな竹

となるのであって、正反対にはなりえない。で、X氏はつづいて「その証拠に」と、正反対の例を次のようにやってみせる。

年輪のゆたかな、よく育った、太い竹

驚嘆すべきことに、X氏はここで「太く」を「太い」に（黙って）スリかえてしまった。連用形を連体形にスリかえてしまえば、修飾関係も当然かわる。したがって「太い」になってしまえば、かかる言葉も「育った」から「竹」にかわるから、これは次のような関係にガラリと変わる。

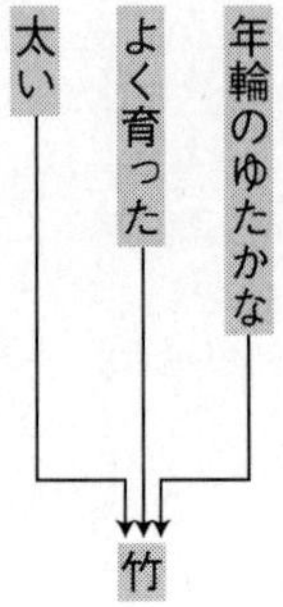

これなら正に「長い方を前に」の原則によって、X氏の書いている通りに、（しかしX氏の主張によれば、これは「よくない」のだが）——

　年輪のゆたかなよく育った太い竹

となる。これが「よくない」のだったら、X氏に従えば次の方がよりよいことになろう。

　太いよく育った年輪のゆたかな竹

その次の例も全く同じ過ちを犯している。

　色白で背の高い、教養のありそうな男性

この「色白で」を「色白の」にスリかえて「正反対」の〝原理〟を次のように示すのである。

　教養のありそうな、背の高い、色白の男性

ついでながら、これは文章技術と全く無関係な話だが、この実例の内容をひっくりかえすと「教養のなさそうな背の低い色黒の女性」となる。私が何を言いたいのか御理解いただけるだろう。こうした〝常識〟が無意識の世界を支配しているのが日本の現実なのである。つづいてX氏は、やや長い次のような例文を示す。

私は、女性は結婚して、家庭にどっぷりとつかり、なまぬるい生活を送るのがよいと、考えているのでは、けっしてない。

もし「長い・短い」の問題ならば、これは次のように考えるとわかりやすいだろう。

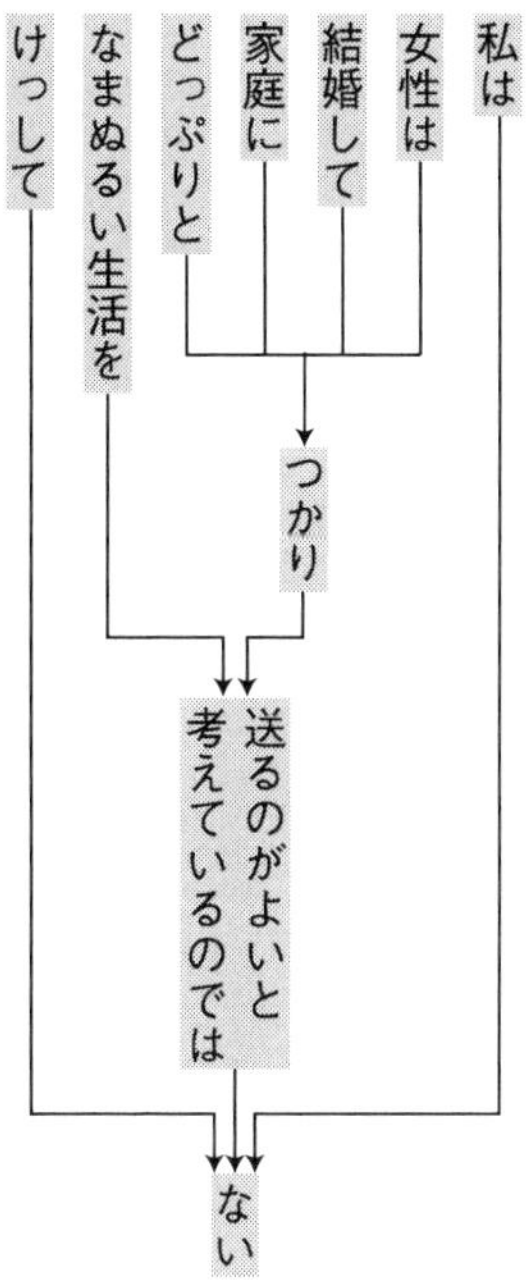

つまり、「私は」は「女性は……送るのがよいと考えているのでは」よりも圧倒的に短いからこそ、次のようにあとにまわせばわかりやすくなる。——

女性は結婚して家庭にどっぷりとつかり、なまぬるい生活を送るのがよいと考えているのでは私はけっしてない。

こうした場合、「私は」と「けっして」では同じくらいの長さ（ワタシハ・ケッシテ）だから、「大状況の順」として「私は」を先にする。

またこの例だと、「私は」は「考えているのでは……」にかかるかのように思われる方もあるかもしれないが、たとえば次のように単純化してみればこれはわかりやすい。

私はスパイではない。

すなわち——

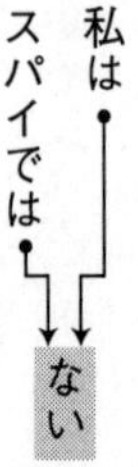

ということであって、この場合の「ない」は助動詞ではなく、形容詞の述語である点に御注意いただきたい。もし助動詞なら、たとえば——

私は九州へ行かない。

という場合、これを

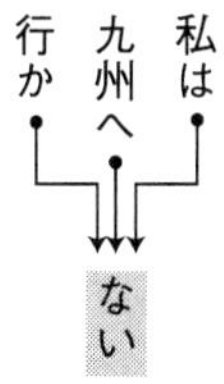

とすることはできない。したがって――

九州へ行か私はない。

とすることもできない。それでは「考えているのでは……」に「私は」がかからないのかというと、これには「(私が)考えているのでは……」というように、主格(私が)が略されているとみればよいであろう。(「私は」は題目語にあたる。このあたりのことは第六章の実例「突然現われた裸の少年を見て男たちはたいへん驚いた」の解説が参考になると思われる。)したがって「私はスパイではない」は「スパイでは私はない」とすることも可能になり、当然ながら「……と考えているのでは私はけっしてない」も、少しもおかしくはない。

ところでX氏は、ここでもまた原文を「少々変えて」次のようにしている。

女性は結婚して、家庭にどっぷりとつかり、なまぬるい生活を送るのがよいと、私は、けっして考えていない。（傍点本多）

こんどは「黙って」スリかえたのではなく、ことわって変えた。しかしいくらことわっても、こうした問題を変えるときに例文を「少々」変えてしまっては、とうてい原則を追究することはできない。この場合も、同じ「ない」が原文では形容詞なのにここでは助動詞にされてしまった。原則を考えるときに、原則を成立させている条件を変更してしまうのでは話にならないのである。

第四章
句読点のうちかた

(1) マル(句点)そのほかの記号

、(テン)や。(マル)や「」(カギ)のような符号は、わかりやすい文章を書く上でたいへん重要な役割を担っている。とくにこの場合、論理的に正確な文章という意味でのわかりやすさと深い関係をもつ。第二章のような「修飾する側とされる側」といった問題は、仮に「不自然な」「読みにくい」「わかりにくい」ことはあっても、決定的に別の意味になったり、正反対の意味になったりすることは、まあ少ないだろう。極端にわかりにくい実例として先にあげた大江健三郎氏のひどい文章にしても、時間をかけてよくよくたどってみれば判読不能ということはない。

だが、たとえば永野賢氏が挙げた次のような例だとどうだろうか(日本放送協会編『ことばの研究室Ⅳ・正しい表現』〈一九五四年〉の「文脈の誤り」から)。

渡辺刑事は血まみれになって逃げ出した賊を追いかけた。

これだと血まみれになったのが渡辺刑事なのか賊なのかわからない。ところが、もし賊が血まみれになっているとき、次のようにテンをうったらどうなるか。

渡辺刑事は血まみれになって、逃げ出した賊を追いかけた。

これでは事実と正反対に、刑事が血まみれになってしまう。となると、テンがなければ「どちらかわからない」ですんだのに、このテンによって正反対となり、一層悪くなる。もしテンのうち方だけで改良するなら、いうまでもなく次の方法であろう。

渡辺刑事は、血まみれになって逃げ出した賊を追いかけた。

ついでながら、実はこの文も、前章の「長い方を先に」および「節を先にし、句をあとにする」の原則に従って「渡辺刑事は」をあとにすることにより、テンがなくても誤解はなくなる。

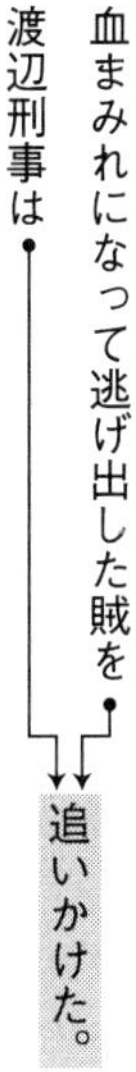
血まみれになって逃げ出した賊を
渡辺刑事は
追いかけた。

文章の中に現れる符号には、主として次のようなものがある。

。　マル・丸・句点・終止符
、　テン・点・句切り点・読点・コンマ
・　ナカテン・中点・中黒・ナカポツ

（　マルカッコ・パーレン
「　カギカッコ
『　二重カギカッコ
〃　ヒゲカッコ・チョンチョンカッコ
（以上、二個で一対）
？　疑問符
！　感嘆符
＝　イコール
-　ハイフン
=　二重ハイフン
……　点線・リーダー
、、、　傍点・ゴマ
――　中線・長棒

そのほかカッコの類として〈 〉とか《 》〔 〕などもある。

カッコの用法については特別な問題はないと思うが、カギカッコ（「 」）を引用文に対して使うときの厳密性についてだけ一言強調しておきたい。

かつて「職業としての新聞記者」という小論を書いた中に次のような文があった。

私たちは、どのような動機で新聞記者という職業を選ぶのでしょうか。「隗《かい》より始め」る意味で自分自身のことを考えてみますと、……（本多勝一集第18巻『ジャーナリスト』収録）

これを読んだある記者が「これは『よ』が抜けているじゃないか、『隗より始めよ』という燕《えん》の郭隗《かくかい》の故事なんだから」という。これはどうも困った指摘だ。だからこそ「始め」までカギカッコにして「る」は引用ではないことを示したのだが、通じないのだろうか。もし〈「……始める」意味で……〉として「る」までもカギの中に入れると、もとの故事としての「……始めよ」からの正確な引用ではなくなる。引用はあくまで原文のまま示さなければならない。引用部分と自分の文章とは明確にけじめをつけないと、他人の意見や報告をねじまげてしまい、ときにはとんだ迷惑をかけることになる。そしてカギの中は忠実に原文に従わなければならない。極論すれば、用字の誤りまでもそのまま使うべきであろう。（ただし誤りの語の横にルビで「ママ」とする例が多い。）これは同時に、自分の文章に対して責任をもつことでもある。

かつてある〝進歩的〟ジャーナリストが、私のルポルタージュ『戦場の村』に「サイゴンの民衆はうそをつくから、外国人にはほんとうのことがよくわからない」という言葉があったと書いて非難したことがある。しかもカギカッコつきで引用した。（前出『ジャーナリスト』収録の「むの・たけじ氏への手紙」参照。）ところが私のルポには、ここに引用されたような言葉は全く出てこない。しかし「ベトナム式ウソ」の文化論的性質については書かれている。そしてそれは「だが、これは『ウソ』というようなものとは次元が違う」のであった。その後の度重なる取材でもこれはよく経験している。本質的問題ではない。このように不正確な〝引用〟をされると、された側は大変な迷惑をこうむる。これは引用ではなくてフレームアップ（でっちあげ）であろう。もし原文を読んでそのように解釈したというのであれば、それは自分の解釈としてはっきりけじめをつけなければならない。決してカギカッコで引用する形式をとってはならない。カギをなくした上で、「……というような意味のことを……」とか、「私には……という意味にうけとれた」とかいった表現にすべきである。

このことは、インタビューなどでの発言を文章にするときも同様であろう。カギで示す部分は、厳密に当人の語った通りでなければならない。カギにした上で妙な手を加えることは、当人への人権侵害や侮辱であるだけでなく、筆者がいかに無責任な人間かを暴露するものでもあろう。私のこの指摘に対しても、その〝進歩的〟ジャーナリストは謝罪も訂正もしなかった。

なお、「〝進歩的〟ジャーナリスト」とか「不正確な〝引用〟をされると……」と書いたときに〝進歩的〟や〝引用〟のところでヒゲカッコ（チョンチョンカッコ）を使った。ヒゲカッコはこのように「本当はそうではない」ときとか、「いわゆる」つきのときに使われる。また自分たちでは使わないけれども相手側が使う言葉をそのまま使う場合にはカギカッコに入れる。

次にナカテン（・）については、最もよく使われているのは外国語の固有名詞であろう。「カール・マルクス」とか「ニューヨーク・タイムズ」とか。しかしこの符号はあとで述べるテン（読点）と区別する上でも、たとえば並列や同格の語のあいだにどんどん使うほうが論理としてわかりやすいだろう。たとえば――

報道は、いつ・どこで・誰が（何が）・どのようにして・なぜ起きたかを書くのが常識とされている。

A級戦犯容疑者・岸信介を総理大臣にした戦後の日本。

これらは構文上の論理としてのナカテンの用法である。しかし「ニューヨーク・タイムズ」のような用法は、構文よりも文字の次元としてのナカテンであろう。やはり両者は区別する方がよい。でないと、たとえばカタカナの固有名詞などをナカテンで列挙するとき次のようになってしまう。

カール・マルクス・アダム・スミス・チャールズ・R・ダーウィンの三人が……

ニューヨーク・タイムズ・ル・モンド・ワシントン・ポストの三紙が……

これでは境界がわからない。列挙や同格のときはふつうテン（読点）を使って――

カール・マルクス、アダム・スミス、チャールズ・R・ダーウィンの三人が……

A級戦犯容疑者、岸信介を総理大臣に……

などと書くことが多いが、テンをこのように使うと構文上の重要なテンの役割を侵害することがある。だからナカテンが可能なときは私はテンを避けることにしている。しかし列挙（並列）でも修飾語がついたりすればテンでなければまずいが、これは当然であろう。——

『資本論』を書いたカール・マルクス、『国富論』を書いたアダム・スミス、『種の起源』を書いたチャールズ・R・ダーウィンの三人が……

それではカタカナの固有名詞などを列挙するときにはどうするか。よく教科書が使っていた方法に二重ハイフンがある。——

カール＝マルクス・アダム＝スミス・チャールズ＝R＝ダーウィンの三人が……

ニューヨーク＝タイムズ・ル＝モンド・ワシントン＝ポストの三紙が……

最近これはあまり使われなくなっているが、私はこの方法をとることにしている。

＊

符号の中で作文上とくに重要なのはマルとテンであろう。しかしマルについては、用法に困難な問題は少ない。要するに文が終わったら必ずマルをつけること。それだけである。ところがそれだけのことが案外実行されていない。**句読点は字と同じか、それ以上に重要**ということが、よく認識されていないのであろう。字をぬかす人はめったにいない。たとえば――

渡辺刑事が賊を追いけた。

と書くと「か」が抜けているが、こんな文を書いて平気でいる人はめったにない。だが――

渡辺刑事が賊を追いかけた

と書いて平気な人は意外と多いだろう。マルが抜けている。しかしこれは「か」を抜く以上に重大な欠陥とみなければならない。文章ではないと極論することもできる。この場合はポツリとこの文章だけ出したから問題は起こらないが、次の例はどうか。

渡辺刑事が賊を追いかけた車が三台並んでいた道路はせまかった

何のことかわけがわからぬが、もし強引に解釈するなら、「刑事が泥棒を追いかけるのに車を使っていて、それが三台も並んでおり、その並んでいる道はせまかった」ということになるだろう。マルを入れると、次のような文章になる。

渡辺刑事が賊を追いかけた。車が三台並んでいた。道路はせまかった。

マルは、手紙でもメモでも、文の終わりには必ずうつ習慣にしておきたい。文章が活字になるとき原稿のまま拾われると、とんでもない間違いのもとになったりする。

ところがこれと正反対に、マルがないところへ植字工（またはワープロ入力者）が誤ってマルを加え、校正者も編集者も気付かぬまま公刊されることがかなりある。この場合は「誤って」とはいえ単純な機械的ミスではない。私自身ときどきその被害をうけている。かつて月刊誌に書いた「『買いだめ』する側の論理」という小論で、次のように二ヵ所にわたってこの種の誤りがあった。

〈その一〉　さきに述べたように、庶民はモウケるためにモノで持つ。「買い占め」ではない。

〈その二〉　そんな原理など論理的には知るよしもない。母は七十余年の生涯の「知恵」のひとつとして、この「貯金するバカ」を肌で知っていたとも言えよう。（『潮』一九七四年二月号）

右の二例とも原稿はひとつの文章であって、このように中間にマルなどはいっていない。だから〈その一〉は〈……モノで持つ「買い占め」ではない。〉であって、「モノで持つ」は「買い占め」にかかる修飾語なのに、これでは正反対の「庶民はモウケるためにモノで持つ」という意味になり、庶民が資本家と同じことをしていることになってしまう。（しかし、つづいて「〝買い占め〟ではない」とくると、またまた意味がひっくりかえるから、精密に読んでいる読者は「この筆者はアホじゃなかろうか」と思うはずだ。）同様に〈その二〉も「……知るよしもない母は、七十余年……」であって、「知るよしもない」は「母」にかかるのだ。これではまるで私が「知るよしもない」ことになってしまう。これが単純な機械的ミスであれば、たとえば「……モウケるた。めにモノで……」といった場合なら、読者もすぐにミスとわかる。そうではなくて、連体形として体言にかかる活用語尾が、たまたま終止形と同じために、植字工が勝手にマルを入れて文章を終わりにしてしまったのだ。こうなると、読者にもミスとわかる人が少なくなり、筆者がアホな文章を書いていると思われたりする。校正がしっかりしていれば、こういう馬鹿な誤りは読んでいて論理的に気付くはずである。

マルはこのように重要だが、ときには普通ならマルにするところをテンですませ、それはそれでひとつの魅力的文体として確立させている人もいる。野坂昭如氏はその一例であろう。――

　ひどい下痢がつづいて、駅の便所を往復し、一度しゃがむと立ち上るにも脚がよろめき、把手のもげたドアに体押しつけるようにして立ち、歩くには片手で壁をたよる、こうなると風船のしぼむようなもので、やがて……（『火垂るの墓』から）

右の中で「……片手で壁をたよる」のあとのテンは、ふつうであればマルとするところである。しかし野坂氏の文体からすれば、ここはテンの方がよい――というよりテンでなければならないだろう。とはいうものの、普通の「わかりやすい文章」を書こうとする人は、これはまねをしない方がいいと思う。反対に、普通ならテンにするところをマルにする人もいる。――

この錯覚がもとになって、日本文の構造がまるでわけのわからぬものになっているのである。という指摘に対して温存派の人々の反省ないし反論を希望する。（三上章『続・現代語法序説』一三ページ）

この「……いるのである」のあとのマルは、普通ならテンか長棒あるいは何もなしにつづけるところであろう。三上氏の文章にはこのスタイルがよく目につく。これも趣味の問題だが、一般的にはまねをしない方がよい。

(2) テン（読点）のうちかた

さて、符号の中でも決定的に重要で、かつ用法についても論ずべき問題が多いのはテンの場合である。この章ではしたがってテンの用法に最も重点を置く。

一一八ページの「渡辺刑事は血まみれになって……」という例文で、誤ったテンのうち方を紹介した。これなどは例として極端だと思う人があるかもしれない。だが実は、まずいテンの用法として最も避けねばならぬこの種の例など私たちのまわりにいくらでもみられる。たとえば新聞のコラムから――

……働きざかりと思われる年齢の人の急死が報じられるのをみると、ついいろいろと考えさせられる。病名が心筋梗そくだと元気にまかせて、過労をかさねたのではないかと思い、ガンだと、どうして早期発見できなかったのかと気にかかる。（『朝日新聞』一九七四年九月三〇日夕刊・文化面「日記から」）

右の例の「元気にまかせて」のあとのテンはやめて、その前（「心筋梗そくだと」のあと）に移せばよい。これは「移す方がいい」のではなく、「移さなければならぬ」のだ。テンの位置は、ある日本語論の本がいうような「たぶんに語調という気分的なものに左右されて」いるのではない。たしかにそういう文章も多いが、それはその文の筆者が間違っているのであって、日本語のテンのうち方にも大きな原則がある。この例文で考えてみよう。

「病名が……」以下の文章には二つの述語があり、それらにかかる修飾語の関係は次のようになっている。

病名が心筋梗そくだと ――→
元気にまかせて過労をかさねたのではないかと ――→ 思い、

（病名が）ガンだと
どうして早期発見できなかったのかと
気にかかる。

つまり、それぞれの述語に二つずつ修飾語がついている。こういうときは、二つの修飾語と修飾語の間にテンをうてば論理がハッキリしてわかりやすくなる。三つの修飾語なら、その境界にテンは二つになる。たとえば——

病名が心筋梗そくだと
自分自身そんな生活をしながらも
元気にまかせて過労をかさねたのではないかと
思う。

これにテンをうつときは、次のようにそれぞれの修飾語が切れるところへ置けばよい。

病名が心筋梗そくだと、自分自身そんな生活をしながらも、元気にまかせて過労をかさねたのではないかと思う。

以上の検討によって、「長い修飾語が二つ以上あるとき、その境界にテンをうつ」（略して「長い修飾語」）という第一の原則がまず確認された。

こういうことをいうと、なんだか構造式を書きながらでなければテンもうてないかのように思われるかもしれないが、そんな必要は全くない。自分で書いた文章を読みなおしてみて、変だと思ったときにだけ、こうした原則を参考にすればよいのである。次の例文でこの原則を応用してみよう。

戦前からの業界の流れを知る幹部も、若手も今年の漁獲やかつての北洋について聞くと、うしろめたそうな顔になった。（『朝日新聞』一九七四年九月五日夕刊八ページ「サケ―われらが友」第9回）

この一文の述部「うしろめたそうな顔になった」には、次の三つの修飾語がかかっている。

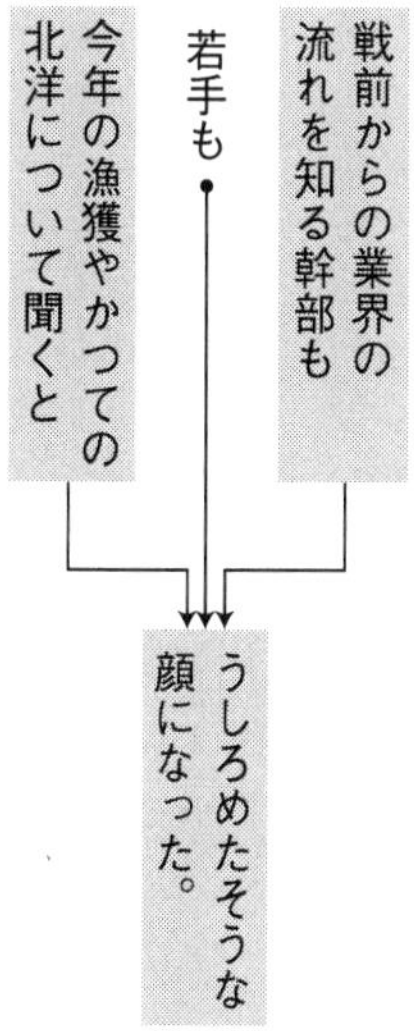
戦前からの業界の流れを知る幹部も
若手も
今年の漁獲やかつての北洋について聞くと
うしろめたそうな顔になった。

となると、これを原則に従って訂正すれば次のようになる。

戦前からの業界の流れを知る幹部も、若手も、今年の漁獲やかつての北洋について聞くとうしろめたそうな顔になった。

この場合、もし「幹部も」のあとのテンを省いて「……幹部も若手も、今年の……」とやると、若手もまた「戦前からの業界の流れ」を知っているのか、それとも「若手」は知らないのか区別がつきにくい。前者であれば次のように、二つの修飾語しか述語にかからぬことになる。

戦前からの業界の流れを知る幹部も若手も
今年の漁獲やかつての北洋について聞くと
→ うしろめたそうな顔になった。

これでは論理としておかしい。したがってこの文をより正確に直すなら、たとえば次のようにすればよい。

戦前からの業界の流れを知る幹部も、昔のことは何も知らない若手も、今年の漁獲やかつての北洋について聞くとうしろめたそうな顔になった。

こうすることによって、リズムの上でも安定が得られる。

では、次の重要な原則をさぐってみよう。いま認めた原則があっても、修飾語が短かければテンは必要ない。たとえば前章の例でいうと——

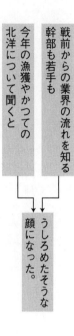

AがBをCに紹介した。

これは三つの修飾語が「紹介した」にかかっているが、どこにもテンはいらない。もちろん「Aが、Bを、Cに紹介した」と書いても誤解はされないが、こういうことをしていると、他の重要なテンとの区別がつかなくなる。ということは、**重要でないテンはうつべきでない**ともいえるわけであり、これは原則といってもよいほど注意すべきことがらであろう。

この例文の変形として、次のような例があった。――

私がふるえるほど大嫌いなBを私の親友のCにAが紹介した。

このように、あの「長い順」の原則どおりの場合は、テンがなくてもそれほど問題はない。抵抗なく、誤解もなしに読める。しかし、短い「Aが」を冒頭において「逆順」にしてみると――

Aが私がふるえるほど大嫌いなBを私の親友のCに紹介した。

もちろんこれは〝反則〟だから読みにくい。だが、このとき「Aが」のあとにテンをうってみたらどうか。――

Aが、私がふるえるほど大嫌いなBを私の親友のCに紹介した。

これなら誤解の恐れや読みにくさは激減する。すなわち、**語順が逆順の場合にテンをうつ**（略して「**逆順**」）——という第二の原則をたてることができる。これはもうそこら一面にドカドカ見られる型の文章である。とくに短い題目語「○○ハ」を冒頭におく文章は軒なみこれだと思ってよい。さきの例——

渡辺刑事は、血まみれになって逃げ出した賊を追いかけた。

これも「追いかけた」という述語にかかる二つの修飾語「渡辺刑事は」と「血まみれになって逃げ出した賊を」のうち、短い方を先に出した逆順文章だから、テンを入れなければならないのである。「渡辺刑事は」が後にあればテンは必要としない。しかし第一の原則（長い修飾語が二つ以上あるとき、その境界にテンをうつ）があるから、ここで次のようにテンをうってもよいだろう。

血まみれになって逃げ出した賊を、渡辺刑事は追いかけた。

なぜ「必要」ではないかというと、二つの修飾語といっても、ここでは後の「渡辺刑事は」が節ではなく、かつ長くないからである。

誤解・曲解を防ぐための、すなわち「わかりやすい文章」のための重要な大原則は以上の二つだが、その他のテンについても考えてみよう。

テンというものの基本的な意味は、思想の最小単位を示すものだと私は定義したい。マルで切れる文章は、これらの最小単位を組みあわせた最初の「思想のまとまり」である。だから人体にたとえると、テンで切る部分を思想の細胞とすれば、マルで切る一文は組織の最小単位――たとえば筋とか血液とか毛とか脂肪に当たるともいえよう。これらの組織が集まって、次の単位としての小部分「段落」（パラグラフ）ができる。段落は指だの脛《すね》だの目玉だのに当たる。それらが集まって、さらに「章」（チャプター）という思想がまとまる。章は頭や胴体や腕のような、人体を構成する大きな部分だ。そして最後に、ひとつの論文なり報告なり文学作品なりの思想全体――人体ができる。

なぜテンが思想の最小単位か。たとえば「逆順」（修飾語順の反則）の場合も、この定義から一つの重要な意味を読みとることができる。すなわち、なぜ「逆順」にするかというと、筆者がそのものを多少なりと強調して提示したかったからなのだ。そこには「強調」という主観があらわされているのである。たとえば――

　Aが、私がふるえるほど大嫌いなBを私の親友のCに紹介した。

ここでなぜ「Aが」を逆順にしてアタマに持ってきたかというと、筆者は「Aが」を強調したかったのだ。そうでなければ「Aが」という主格をアタマにする理由はない。実はここのところが日本語のすぐれた性格なのだが、これについては第六章であらためて論ずる。

たとえばまた、次のテンは何を意味するか。

Ⓐしかし、彼女の恋ごころはそんなことで消えるものではなかった。

Ⓑだが、そうはゆかなかった。

例文の「しかし」も「だが」も、ひとつの接続詞にすぎない。ここで筆者がテンをうったのは、この接続詞の持つ反転の意味をとくに強調したかったからである。とくに強調したくないのであれば、「しかし彼女の……」「だがそうは……」とテンを省けばよい。

Ⓐ父は死んだ。

Ⓑ父は、死んだ。

右の二つの文章がどう違うかは、もはや明らかであろう。これがどのような状況の中に置かれるかによって、筆者はⒶかⒷかを使いわければよい。Ⓐはひとつの思想表現だが、Ⓑは二つの最小単位の思想をあらわしているのである。言いかえれば、前記の二大原則のテン以外は、**筆者の思想としての自由なテン**なのだ。

九一ページの例文で「一九七四年の暮れに」のあとにテンを打つ理由も、以上の検討によって明らかとなろう。つまりこれは、第三章「修飾の順序」の「語順の四大原則」で、❸「大状況を先に」を❷「長い方を先に」より優先した場合に、それが短い修飾語だと「逆順」と同じになるからテンを打つ必要が出てくるのだ。それは同時に「強調」としてのテンともなろう。
むやみやたらとテンをうちたがる文章家がいる。福田清人氏の『文章教室』が、石井庄司監修『文章表現の技術』から引用しているある小説家の文章に、次のような例がある。

近くを、ひと回りして、ひき返してくると、今度はその女一人、店の入口の、門柱の前に、ぽつんと立っていた。

また渡辺三男『日本語の表記と文章表現』は宇野浩二『うつりかはり』から次の例を引用している。

その晩、三人で、牛肉の鍋をかこんだ。さうして、道也は、ほとんど一人で、引きあげの仕事を『うそ』と、『まこと』を、おりまぜて、おもしろをかしく、はなした。その話しが、とぎれたとき、道也は、このやうな仕事は、そのうちに、やめて、……

片っぱしから分かち書きみたいに強調すればテンの意味もなくなってしまう。こういう文章が長くつづいたら、読む方はさぞイライラしてくるだろう。これだと組織を作る各細胞が石垣の石のようにガッチリした機能を果たさず、したがって組織の力も弱くなる。ある種の理論家の煽動《せんどう》的文章はゴチックがやたらと多い。片端から強調したいのだろう。しかし全論文の三分の一もがゴチックで埋まっていたら、もはやゴチックの意味は消えてしまう。テンだらけにするのも同じことである。

正しい原則と正しい思想単位とで書かれた文章は、テンのところで息をつくようにして朗読してみると、聞いていてもたいへんわかりやすい。一種のリズムも持っている。（まさに「読点」といえよう。）名文といわれるものの多くはそのような文章である。参考までに、私が学生のころ自分の文体に影響を受けた二人——井伏鱒二氏と梅棹忠夫氏の文章をあげてみよう。


山椒魚は悲しんだ。

彼は彼の棲家である岩屋から外へ出てみようとしたのであるが、頭が出口につかへて外に出ることができなかつたのである。今は最早、彼にとつては永遠の棲家である岩屋は、出入口のところがそんなに狭かつた。そして、ほの暗かつた。強ひて出て行かうとこころみると、彼の頭は出入口を塞ぐコロップの栓となるにすぎなくて、それはまる二年の間に彼の体が発育した証拠にこそはなつたが、彼を狼狽させ且つ悲しませるには十分であつたのだ。

（井伏鱒二『山椒魚』筑摩書房版「現代日本文学全集41」）


六月四日の夕方、わたしたちはパキスタンとアフガニスタンの国境線に到着した。

国境は、ひろびろとした大平原のまん中にあった。地平線から横なぐりにかっと照りつける夕日をあびて、われわれの二台の車は、のろのろとアフガニスタン領にすべりこんだ。す

ぐ看視所につく。わたしたちは旅券を見せる。（梅棹忠夫『モゴール族探検記』岩波新書）

右は二つとも冒頭（書き出し）の文章である。これをテンとマルで切りながら朗読してみると、そのままで実にわかりやすく、自然で、したがって正確かつ論理的だ。私は自分で書くときも、むろん声には出さないが、頭の中で読みながらテンをうっている。右の二例を検討してみてもわかるように、テンは決して無駄なところにうたれていない。かならず理由のあるところ、それだけにうたれている。すなわち、テンのうち方について厳密な要求をするなら、前に原則として述べたように、必要なところ以外にはうつなと極論することもできよう。波多野完治氏の『文章心理学入門』は、同じことが西欧の文章についてもいえることを次のように書いている。

外国文でも（日本文のように）口調でコンマを打つことはある。しかしこの口調は「文章」においては、やはり統辞論の方から規定されているのである。単なる口調で打つことはいやがられる。そのような点（コンマ）は打たぬがよいとされているのである。外国文では一般にコンマのたくさんある文は、現代文としてすぐれたものではない。統辞論上、どうしても仕方のないところにだけ、文章法の上から切るべきところにだけ、コンマを置くのである。

自分の文章について私自身反省してみると、無駄なテンがとくに多いとはいえないが、厳密な意味では不要と思われる例もときどき目につく。これからはもっと注意して減らしてゆきたい。

以上に述べてきたような原則の上で、打ってはならないところに打たれているテンの実例をあげておこう。そんな実例はいくらでもころがっているが、この部分はいま旅先のサイゴンで書いているので、たまたま手にしている雑誌から拾ってみた。

わたしをつかまえて来て、拷問にかけたときの連中の一人である、特高警察のミンが、大声でいった。(『世界』一九七五年六月号・一〇五ページ)

右の一文にはテンが三ヵ所にうたれている。しかしこれまでに述べてきた統辞論からみると、すべて不必要なテンであろう。とくに二番目のテン(……一人である、特高……)は、不必要どころか決してうってはならぬテンである。なぜか。すでに読者にはおわかりの方が多いであろうが、解答の前に同じタイプの誤りをもう二つあげてみよう。この奇妙なテンがほとんど習慣化した人があるらしく、右の文章の筆者もその実例を各所で示している。たとえば――

サイゴンのプロテスタントの社会奉仕団で働いている、何人かのアメリカの青年とも知り合いになる機会を……(同一〇六ページ)

本当の裁判所で裁判を一度も受けたこともないのに一五年もあるいはそれ以上も投獄され

ているという、年配の男の人や女の人に何人もあうことができた。（同一〇九ページ）

以上あげた計三例に共通する特徴は、テンの前が終止形と同じ語尾の連体形であること、つまりここでマルとなっても語尾に変わりはないことだ。だからこそ、マルと誤解されないためにも決して打ってはならない。ここで切って朗読してみるとその意味が理解されよう。しかしより重要な構文上の理由は、これがテンの原則の逆をやっている「反則のテン」であることだ。第一例の場合でいえば、主格の「ミン」にかかる修飾語は次の二つである。

① わたしをつかまえて来て拷問にかけたときの連中の一人である

② 特高警察の

→ ミン

第三章「修飾の順序」を思い出そう。この例の場合、「句より節を先に」「長い修飾語から先に」の二つの原則にあてはまり、したがってそのまま書き流さなければならない。これが逆になったときはじめてテンが必要になる。すなわち——

特高警察の、わたしをつかまえて来て拷問にかけたときの連中の一人であるミンが大声でいった。……

同様にして第二例の「青年」にかかる修飾語、第三例の「人」にかかる修飾語を検討してみれば、これらのテンは二重の反則であることが理解されよう。いわば許しがたいテンなのだ。ついでにいえば、第三例（本当の……）の場合もし打つとすればほかに打つべきところがある。すなわち――

……一度も受けたこともないのに、一五年もあるいは……

理由は一三〇ページで述べた第一の原則「長い修飾語が二つ以上あるとき、その境界にテンをうつ」によるものである。ここでは「投獄されている」にかかる二つの修飾語の境界が「……のに、一五年……」なのだ。しかしこの場合は二つの修飾語の長さに比較的差があり、次のように前者の方が長いから、テンは、「必ず打つ」ほどのことはないだろう。「打つとすれば」の程度である。

①　本当の裁判所で裁判を一度も受けたこともないのに
②　一五年もあるいはそれ以上も
→　投獄されて……

もし②が「一五年も」だけのもっと短い修飾語だったら、テンは打たない方がよい方へ傾く。「あるいはそれ以上も」が加わって長くなったから、ここで打ってもよい方に傾いたのだ。仮に、さらに「一五年もあるいは三〇年以上もの長い期間にわたって」とするなら、①と②がほとんど同じくらい長い修飾語になるから、テンは打つべき場所となろう。

以上ここに述べたテンの打ち方の二大原則は、構文上基本的に必要な重大原則でありながらこれまで明確化していなかったのではないかと思う。その他のテンについては、常識化しているものとして次のような場合がある。

❶重文の境目に。たとえば――

ケネディー大統領をダラスのパレード中に暗殺し、下山国鉄総裁を自殺とみせかけて暗殺する。これがＣＩＡ（米中央情報局）とその走狗のやりかただ。

❷述語が先にくる倒置文の場合に。たとえば――

やはりあいつか、下山総裁を殺した奴は。

❸呼びかけ・応答・驚嘆などの言葉のあとに。たとえば――

あっ、下山総裁の替玉も殺された。
あなた、殺されないように気をつけてね。

うん、ＣＩＡは恐ろしいからなあ。

❹挿入句の前後または前だけに。たとえば――

独占資本、とくにアメリカのそれがどんなものかは……

一部の右翼は、主観的にはいかに愛国的であろうとも、結局はアメリカ独占資本に奉仕する売国的行為を重ねてきた。

ところでこの常識化した四つのテンについて、これらは本当に「ぜひ必要な」場合として原則に立てるべきかどうかを検討してみよう。

まず❶（重文）の場合を見ると、これは第一の原則（長い修飾語の境目）に包括される原則であることがわかる。（あるいは反対に、第一の原則が重文の変形だといってもよい。）実例で示してみよう。先にあげた文の場合――

ケネディー大統領をダラスのパレード中に暗殺し、下山国鉄総裁を自殺とみせかけて暗殺する。

この重文の二つの同じ述語「暗殺する」を一つに統一すると、次のような二つの「述語にかかる長い修飾語」になる。

ケネディー大統領をダラスのパレード中に、（また）下山国鉄総裁を自殺とみせかけて暗殺する。

これだと「第一の原則」と全く同じことである。（「また」はリズム上より良い例として加えたが、変形上の必要ではむろんない。）ほかの重文も検証してみよう。小泉保氏が『日本語の正書法』で挙げた文例――

愛するものは与えるが故に富み、愛を受けるものは受けるが故に富む。（有島武郎『惜みなく愛は奪う』）

あるところは岨《そば》づたいに行く崖の道であり、あるところは数十間の深さに臨む木曽川の岸であり、あるところは山の尾をめぐる谷の入口である。（島崎藤村『夜明け前』）

この二例についても前述の例文「ケネディー……暗殺する」と全く同じように、共通の述語（「富む」と「である」）を統一することによって「第一原則」と変わらぬことが理解される。*

これを二つの従属する修飾成分にして他の一つの述語で統一してみると――

太郎は山に登り、花子は海で泳いだ。

太郎は山に登り、花子は海で泳いだと言われている。

もっと複雑な例として――

アルプスに登った太郎は山頂の国境で万歳を叫び、ヨットでのりだした花子は洋上の国境で逆立ちした。

これも「帰路についた」という一つの述語で統一すれば――

アルプスに登った太郎は山頂の国境で万歳を叫び、ヨットでのりだした花子は洋上の国境で逆立ちしてから（それぞれ）帰路についた。

カッコの中（それぞれ）はむろん「より良く」するための付加物にすぎない。このように、重文と「長い修飾語」とは一つの原則の中での変種にほかならず、別の原則として分離する必要を認め難いのである。重文としてテンを打たれるべき「境界」は、そっくりそのまま第一原則での「境界」に相当する。そうであればこれを別の原則として分けるよりも第一原則に吸収合併する方が、少なくとも「原則」を探究するためには論理的であり、したがってわかりやすい。それは、より単純化され、より広い次元を統括する原理であろう。結論として、**重文のテンは第一原則に吸収される**ということである。

次の❷（倒置文）はどうか。これは全く単純に、そのまま第二原則（逆順）に吸収される。つまり「述語が文末で統括する」という日本語の根幹をなす基本語順が倒置されるのだから、まさに「逆順」そのものにほかならぬ。当然、**倒置文は第二原則に吸収される**ことになる。

では❸（呼びかけ・応答・驚嘆など）はどうか。これはどうやらテンの「必要」がない例といえる。つまり構文上のテンとは別のものなのだ。わかりやすくいえば、これはマルとか感嘆符のような別の記号で置きかえることもできる。この例でみると——

あっ！　下山総裁の替玉も殺された。
あなた！　殺されないように気をつけてね。
うん。C－Aは恐ろしいからなあ。

したがってこれもテンの原則からはずす方が論理的であり、その方が構文上の明確化に貢献する。もちろんここでテンを打ってもよ**い**が、あくまで原則ではないということだ。

最後の❹（挿入句の前後または前だけ）は、もう全くそのまま二つの原則で説明しつくされるであろう。この例でいえば——

独占資本、
とくにアメリカのそれ　がどんなものかは……

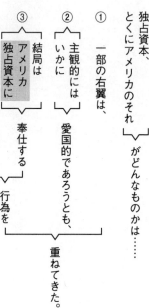

① 一部の右翼は、
② 主観的には　いかに　愛国的であろうとも、
③ 結局は　アメリカ　独占資本に　奉仕する　売国的　行為を　重ねてきた。

前者は第二原則（逆順）として、短い修飾語を前に置く必要からテンも必要になったし、もし「独占資本」の部分がもっと長くなれば第一原則になる。（挿入句の方が逆に一つの単語になれば同格としてナカテンがよい。）後者は①②③の三つの修飾語が「重ねてきた」にかかるから、第一原則としてその境界に打つ。となれば、**挿入句の原理は二大原則そのものにほかならぬ。**

以上の検討によって、構文上必要な本当のテンの原則は最初に挙げたわずか二つだけであることがわかってきた。文章を論理的でわかりやすくするためには、構文上のテン以外は可能な限りテンを打たぬことだが、原則以外の重大なテンとしては、前述の「思想の最小単位」としての自由なテンがもちろん存在する。この自由なテンを別次元として、「構文上以外のテン」とは、たとえばナカテンまたは「わかち書き」のかわりにテンを使うような場合だ。——

太郎や次郎、三郎、四郎は別として、五郎だけはまさかそんなことをしないだろうと思ったのに。

右の最初の二つのテンは「……次郎・三郎・四郎は……」とナカテンとするか、または「……次郎三郎四郎は……」とテンなしにする方が、構文上のテン（……して、五郎……）の役割を侵害しない。しかしこれも長い修飾語となればやはり第一原則が適用される。——

強盗事件を起こした太郎や、
スリの逮捕歴九回の次郎、
詐欺師の異名もある三郎、
殺人未遂二回の四郎
は別として

よくあるのはわかち書きがわりにテンを使ってしまう例であろう。——

すももももももももももいろ。

こんなものを「すももも、ももも、ももも、ももいろ」などとやっていては、テンがいくらあっても足りないし、本来のテンの役割を侵害してしまう。こういう場合は次のようなさまざまな工夫によってテンを避けなければならない。

スモモもモモもモモもモモ色。

李も桃も腿《もも》も桃色。

スモモもモモも腿も桃色。

以上で「打たなければならぬテン」の打ち方の二大原則と「思想の最小単位」としての自由なテンの説明を終わる。この「二大原則と思想のテン」によって、ほとんどすべての「テンの打ち方」を律することができると思う。*

中学生の文法教科書を見ると、テンの打ち方については一言たりとも書かれていなかった。分厚いある国文法学習参考書でさえ、たとえば三〇〇ページを超える中でテンに関する記述はわずか一ページ半にすぎず、しかも「読点のうち方には、これでなければならないというきまりはないといえるし、文を書く人によってそれぞれ違っている。しかし、注意をして文を書いていけば、おおよそ、どのようなところにうてばよいかがわかるようになるだろう」といったセンスで触れているだけである。「注意をして文を書」くにしても、どのように注意すべきかが示されていない。これでは学習する方が途方にくれてしまう。先生たちはどう教えているのだろうか。これが自分の国の言葉を教えているはずの教科書や学習書の実情である。そのくせ他民族の言葉（アングル語など）ではコンマのうちかたを厳密に教えている。

最後に、この第2節でくわしく検討した「わかりやすい文章のために必要なテンの原則」（構文上の原則）をまとめて列挙しておく。

第一原則　長い修飾語が二つ以上あるとき、その境界にテンをうつ。（重文の境界も同じ原則による。）

第二原則　原則的語順が逆順の場合にテンをうつ。

右の二大原則のほか、前述のように**筆者の考えをテンにたくす場合として、思想の最小単位を示す自由なテンがある。**これによって文章にさまざまな個性が生ずるが、それは「いいかげんなテン」ということとは正反対の極にある。

（3）「テンの二大原則」を検証する

以上によって明らかにされた構文上のテンの二大原則を、文部省が示している「テンのうちかた」の実例について応用あるいは検証してみよう。すなわち文部省教科書局調査課国語調査室が一九四六年に基準案として示したテンの使い方（文化庁国語課国語研究会編『国語表記実務必携』収録）を検討してみる。この案に示された句読法でのテンは一三ヵ条あり、それぞれに例文がついているので、以下に順次検証してゆく。

一、テンは、第一の原則として文の中止にうつ（例①）。

①父も喜び、母も喜んだ。

〈**検証**〉重文の典型。──→第一原則。

二、終止の形をとつてゐても、その文意が続く場合にはテンをうつ（例②③）。たゞし、他のテンとのつり合ひ上、この場合にマルをうつこともある（例④）。

〔附記〕この項のテンは、言はゞ、半終止符ともいふべきものであるから、将来、特別の符号（例へば「﹆《シロテン》」のごときもの）が広く行はれるやうになることは望ましい。

用例の〔参照一〕は本則によるもの。また〔参照二〕は「﹆《シロテン》」を使つてみたもの。

②父も喜んだ、母も喜んだ。

③クリモキマシタ、ハチモキマシタ、ウスモキマシタ。

〈**検証**〉いずれもテンである必要は全くないので、原則ではない。しかし筆者の主観としてであれば「思想のテン」として御自由に。

④この真心が天に通じ、人の心をも動かしたのであらう。彼の事業はやうやく村人の間に理解されはじめた。

〔参照一〕この真心が天に通じ、人の心をも動かしたのであらう、彼の事業は……

〔参照二〕　この真心が天に通じ、人の心をも動かしたのであらう。彼の事業は……

〈**検証**〉重文→第一原則。

三、テンは、第二の原則として副詞的語句の前後にうつ（例⑤⑥⑦）。その上で、口調の上から不必要のものを消すのである（例⑤における（、）のごときもの）。

〔附記〕　この項の趣旨は、テンではさんだ語句を飛ばして読んでみても、一応、文脈が通るやうにうつのである。これがテンの打ち方における最も重要な、一ばん多く使はれる原則であつて、この原則の範囲内で、それぞれの文に従ひ適当に調節するのである（例⑧⑨⑩⑪）。

なほ、接続詞、感嘆詞、また、呼びかけや返事の「はい」「いゝえ」など、すべて副詞的語句の中に入る（例⑫⑬⑭⑮⑯⑰⑱）。

⑤ 昨夜、帰宅以来、お尋ねの件について（、）当時の日誌を調べて見ましたところ、やはり（、）そのとき申し上げた通りでありました。

⑥ お寺の小僧になつて間もない頃、ある日、をしやうさんから大さうしかられました。

⑦ ワタクシハ、オニガシマヘ、オニタイヂニ、イキマスカラ、

⑧ 私は反対です。

⑨私は、反対です。
⑩しかし私は、
⑪しかし、私は……
⑫今、一例として、次の事実を報告する。
⑬また、私は……
⑭たゞ、例外として、
⑮たゞし、汽車区間を除く。
⑯おや、いらつしやい。
⑰坊や、お出で。
⑱はい、さうです。

〈検証〉⑦までの例は全く無意味。「副詞的語句」であろうとなかろうと、第一原則として必要があるときうてばよいだけ。⑧から⑮まではすべて不必要だが、これも主観によって「思想のテン」をうちたい筆者であれば「自由のテン」としてどうぞ。⑯〜⑱は構文上テンである必要はなく、マルや感嘆符でもよい。むろんテンでもよいが、原則ではない。

四、形容詞的語句が重なる場合にも、前項の原則に準じてテンをうつ（例⑲⑳）。

⑲くじやくは、長い、美しい尾をあふぎのやうにひろげました。

⑳　静かな、明るい、高原の春です。

〈**検証**〉完全に無意味。例文のテンは全部なくてよろしい。ただし⑲の最初のテンだけは第二原則（逆順）を適用してうってもよい。

五、右の場合、第一の形容詞的語句の下だけにうつてよいことがある（例㉑㉒）。

㉑　まだ火のよく通らない、生のでんぷん粒《りふ》のあるくず湯を飲んで、

㉒　村はづれにある、うちの雑木山を開墾しはじめてから、

〈**検証**〉㉑は第一原則。㉒は不要、むしろない方がより良い。（長い順に並んでいるから。）

六、語なり、意味なりが附著して、読み誤る恐れがある場合にうつ（例㉓㉔㉕㉖）。

㉓　弾き終つて、ベートーベンは、つと立ちあがつた。

㉔　よく晴れた夜、空を仰ぐと、

㉕　実はその、外でもありませんが、

㉖「かん、かん、かん、かん」

〈**検証**〉構文上ではなく、変な付着を防ぐためのテンは、なるべく避ける方がよい。それによって構文のためのテンの論理的役割が侵害されるから。この例だと㉓が不要。㉔だと「……夜空を

仰ぐ……」という意味にとられるおそれがあるということだろう。この場合は本当はわかち書き（……晴れた夜　空を……）をしたいところだが、内容からみるとむしろ「思想のテン」としてうってもよいかもしれない。あるいは「……よる空を……」とか「……夜に空を……」「……夜そらを……」とする方法もある。場合によってはマルでもよい。ただこの場合、「夜」と「仰ぐ」の間に「空を」がはいっているため第一原則が弱いながら作用し、テンがあっても構文上それほど不自然ではなくなっている。前後にどんな文がくるかによっても違ってくるだろう。㉕は、テンよりもむしろ「実はその……外でもありませんが」とリーダー（点線）を使うほうがより良い。㉖は原則としては不要だが「自由なテン」なら別。

七、テンは読みの間《ま》をあらはす（例㉖参照㉗）。

㉗「かん〳〵。」

〈**検証**〉前項と同じ理由でむしろ避けるほうがよい。

八、提示した語の下にうつ（例㉘㉙）。

㉘秋祭、それは村人にとつて最も楽しい日です。

㉙香具《かぐ》山・畝火《うねび》山・耳梨《みみなし》山、これを大和の三山といふ。

〈**検証**〉趣味の問題。むしろマルの方がよく、あるいは――（中線・長棒）でもよい。

九、ナカテンと同じ役目に用ひるが（例㉚）、特にテンでなくては、かへつて読み誤り易い場合がある（例㉛）。

㉚ まつ、すぎ、ひのき、けやきなど。

㉛ 天地の公道、人倫の常経

〈**検証**〉㉚はナカテンの方がよい。㉛は前述のように第一原則とからんでくるのでテンの方に傾く。しかしこのていどの長さだと、まだナカテンでもよい。

十、対話または引用のカギの前にうつ（例㉜）。

㉜ さつきの槍《やりが》ケ岳《たけ》が、「こゝまでおいで。」といふやうに、

〈**検証**〉カギとテンは全く何の関係もない。この例でみると、もしテンをうつとすれば第一原則としての話にすぎない。

十一、対話または引用文の後を「と」で受けて、その下にテンをうつのに二つの場合がある（例㉝㉞㉟）。

「といつて、」「と思つて、」などの「と」にはうたない。

「と、花子さんは」といふやうに、その「と」の下に主格や、または他の語が来る場合にはうつのである。

㉝「なんといふ貝だらう。」といつて、みんなで、いろ〳〵貝の名前を思ひ出してみましたが、

㉞「先生に聞きに行きませう。」と、花子さんは、その貝をもつて、先生のところへ走つて行きました。

㉟「おめでたう。」「おめでたう。」と、互に言葉をかはしながら……

〈**検証**〉特にとりあげるべき何の意味ももたない。この例文でみる限り要するに第一原則の問題にすぎない。

十二、並列の「と」「も」をともなつて主語が重なる場合には原則としてうつが、必要でない限りは省略する（例㊱㊲㊳㊴）。

㊱父と、母と、兄と、姉と、私との五人で、

㊲父と母と兄と姉と私との五人で、

㊳父も、母も、兄も、姉も、

㊴父も母も兄も姉も、

〈**検証**〉完全に無意味。

十三、数字の位取りにうつ（例㊵㊶㊷）。

〔附記〕　現行の簿記法では例㊵㊶のごとくうつが、わが国の計数法によれば、例㊶は㊷のごとくうつのが自然である。

㊵　一、《千》二三五

㊶　一、二三四、五六七、八九〇

㊷　一二、《億》三四五六、《万》七八九〇

〈**検証**〉これは全く次元の異なる数字表記での問題だから論外だが、ここで言われている内容は称賛に値する。㊵㊶のような植民地的三桁法をやめて、教科書その他でも㊷の四桁法を推進してほしい。

以上の検証によって、二大原則さえあれば文部省案の一三項もの基準は不要であることが理解されよう。

（4）「テンのうちかた」応用篇

テン（コンマ）の問題は、「わかりやすいための原則」として語順とともに二大原則をなすもので、いくら強調してもしすぎることはないのだが、文部省は漢字教育や古文教育をテスト判定

用に熱中して奨励しても、現代文のためのこうした原則については一切ふれず、そのくせアングル語なんかだと当初からコンマの打ち方や語順を厳密に教えている。

では、これまでに拾っておいた文例の中から、テンのうち方として問題のあるものを、この二大原則によって訂正してみよう。

試合は、大会随一とうたわれる東洋大姫路の左腕松本、一年生、十五歳で決勝戦のマウンドを踏む東邦の少年エース坂本両投手の投げ合いで進み、1―1のまま、決勝戦としては連続二年、八度目の延長戦になった。(『朝日新聞』一九七七年八月二一日朝刊一面)

右の中で一読して何のことかわからない部分は「……左腕松本、一年生、十五歳で……」であろう。「一年生、十五歳」がだれのことを説明しているのかわからない。これは「一年生」のあとのテンが構文上のテンではないために、重要な他のテン(「松本」のあとのテン)の役割を侵害した結果である。すなわち「一年生」と「十五歳」は同格・並列なのだから、ここはナカテンにして「……左腕松本、一年生・十五歳で……エース坂本両投手」とすれば、「松本」が「両投手」にかかるための第一原則のテンの役割がはっきりする。参考までに構造式を示せば次のようになる。

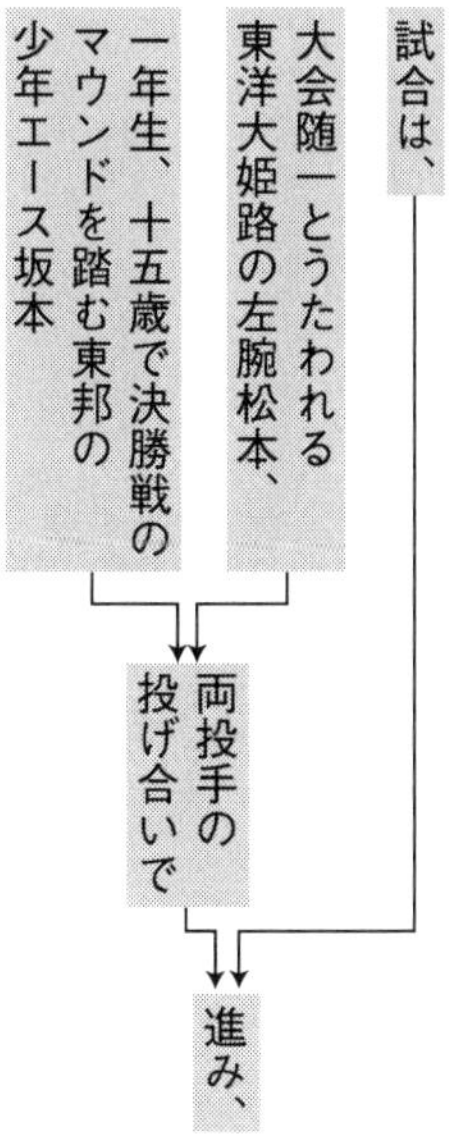
試合は、
大会随一とうたわれる東洋大姫路の左腕松本、
一年生、十五歳で決勝戦のマウンドを踏む東邦の少年エース坂本
両投手の投げ合いで
進み、

テンとナカテンを区別しないためのこうした分かりにくい文章は珍しくない。次の例——。

　第一二九師は、師団長劉伯承、副師団長徐向前（国防相）、政治委員張浩で、長征途中で毛と対立した張国燾、徐向前が率いていた第四方面軍を主力としていた。（『朝日新聞』一九七八年一〇月六日朝刊七面）

訂正する前に構造式を見よう。

① 第一二九師は、
② 師団長劉伯承、副師団長徐向前（国防相）、政治委員張浩で、
③ 長征途中で毛と対立した張国燾、徐向前が率いていた第四方面軍を主力としていた。

構文上の原則としては①②③の境界の二つのテンだけであろう。この二つの役割を他の三つのテンが侵害している。これら三つはナカテンにすべきであろう。そして①②③の境界のテンのうち②③は「長い修飾語」の原則（第一原則）に当たる。①は短い題目を冒頭にもってきたための「逆順」（第二原則）といえよう。したがって必要なテンだけ残して次のように訂正すればわかりやすくなる。

第一二九師は、師団長劉伯承・副師団長徐向前（国防相）・政治委員張浩で、長征途中で毛と対立した張国燾・徐向前が率いていた第四方面軍を主力としていた。

もう一つ同じ問題の例をあげよう。

中国大陸から台湾への〝平和攻勢〟が高まるなかで、六日、辛亥《しんがい》革命の立役者で中国近代化の先駆者、孫文と親交のあった日本人や在日華僑の直系の家族たち十数人が訪中する。

（『朝日新聞』一九八一年一〇月六日朝刊二二面）

はじめ「先駆者」が「日本人」にかかると思ったが、変だから読みなおしてみると、実は「孫文」に直接かかる説明なのだ。そうであればここはナカテン（「……先駆者・孫文……」）か、あるいはテンなし（「……先駆者孫文……」）で続けるべきであろう。次の例も同様である。

「だから日本に核は持ち込まれていない」という。水爆沈没の事実、水爆機を搭載した空母、タイコンデロガが横須賀に入港したことがわかっても、なおこうした政府見解は変わらない。（『朝日ジャーナル』一九八九年五月二六日号）

右の「空母」のあとのテンは「ならぬテン」である。おかげで他の本来のテンの役割が侵害されてしまった。タイコンデロガは空母の名なのだから、テンをやめて別の記号にすればよろしい。たとえばナカテンにして、「空母・タイコンデロガが」としてもいいし、ヤマカッコやカギカッコを使って、「空母〈タイコンデロガ〉が」「空母『タイコンデロガ』が」とすることもできる。この場合は「テンなし」にして続けてもよい。これも筆者がテンを無神経に使っているからだが、次の例などもナカテンの役割に何の配慮もしない無神経な例である。

……退役軍人連盟のブルース・ラクストン・ビクトリア州支部長（六三）がぶち上げると、満場の拍手がわいた。（『朝日新聞』一九八八年一一月二一日「時時刻刻」）

上のナカテンは姓と名の区別、下のナカテンは並列の境界だから全く役割が違う。だからこそ姓名の場合は私は二重ハイフン（＝）にするのである。

つぎはテンの位置によって意味が正反対になりかねない例をあげる。

私は人間的な感動が基底に無くて、風景を美しいと見ることは在り得ないと信じている。

（『東山魁夷の世界』集英社）

右の筆者には「人間的な感動」が無いかのように解釈できる。つまり「私には基底に人間的感動がないので、風景を美しいと見ることなどできない」ということのように思われるが、事実は正反対なのであろう。必要なテンがなくて、無用のテンがあるためにそうなってしまう。もはや構造式を書くまでもないと思うが、改良の方法としては、もしテンの移動だけ（つまりテンひとつ）で直すとすれば第二原則（逆順）によって――

私は、人間的な感動が基底に無くて風景を美しいと見ることは在り得ないと信じている。

となる。もし二つのテンで書くとすれば初めて――

私は、人間的な感動が基底に無くて、風景を美しいと見ることは在り得ないと信じている。

と原文のテンが出てくることになるが、これはもはや構文上のテンの役割を侵害する。つまり構文には「文としての構文」と「節（クローズ＝七三ページ参照）としての構文」があるから、たとえ原則にかなっていても、この二つの異なる次元を一緒くたにすれば、節としての構文のテンが文としての構文のテンを侵害するのだ。この例で説明すれば次のようになる。

①　私は
②　人間的な感動が基底に無くて風景を美しいと見ることは在り得ないと
→　信じている。

つまり「信じている」に二つの修飾語がかかり、そのうち②は節となっていて、これだけで考えれば次のような構造だ。

③　人間的な感動が基底に無くて
④　風景を
⑤　美しいと
→　見ることは在り得ないと

さらに考えれば、このうち③は「節の中の節」となっているから――

という構造である。すなわちここでは三つの文が次のように入れ子になっている。

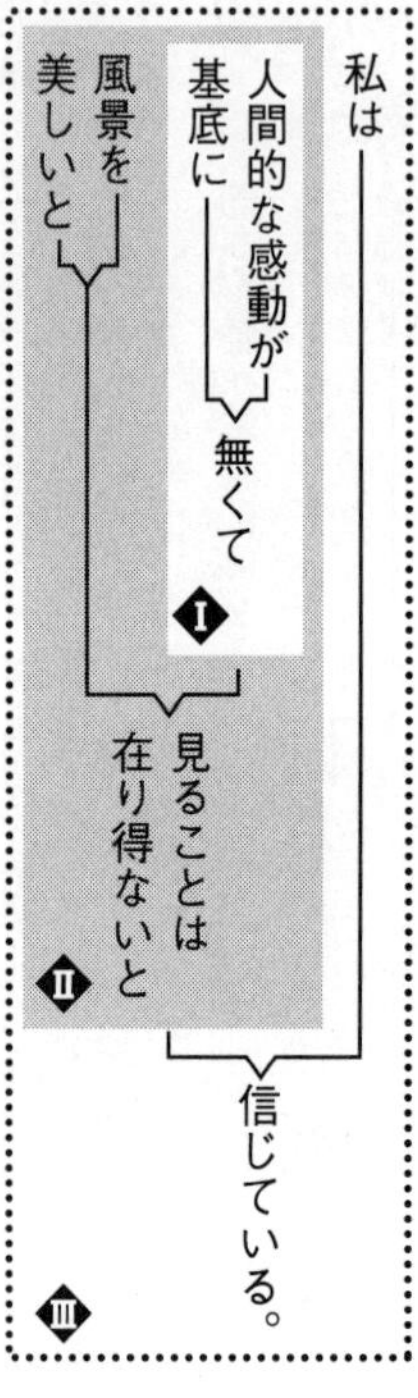

これらのⅠⅡⅢの文の各修飾語に、二大原則にしたがってすべてテンをうてば——

私は、人間的な感動が、基底に無くて、風景を、美しいと見ることは在り得ないと信じている。

これでは多すぎて分かりにくくなっているが、その理由はⅠの文（節）のテンがⅡとⅢの構文のテンの役割を侵害しているからである。Ⅰのテンを除き、かつⅡの中でも「風景を」「美しいと」はどちらも短い修飾語だからその境界のテンも除けば、前述の「二つのテンで書くとすれば」の文となる。それでもII（節）のテンがIII（文）のテンの役割を侵害している。このように、**構文上高次元のテン（文のテン）を生かすためには低次元のテン（節のテン）は除く**方がよい。もしどうしても節のテンが必要になったときは、次のように語順を変形して入れ子をはずせば解決する。これは第二原則（逆順）のテンを消すために正順にもどしたことにもなる。

人間的な感動が基底に無くて、風景を美しいと見ることは在り得ないと私は信じている。

次にあげる例は、テンのほかにもいくつかの問題を示している。

法律にうといといわれれば、それまでだが別に悪いとは思ってない。（『朝日新聞』一九七八年五月二七日朝刊・社会面）

もう解説の必要もないくらいひどいテンである。正解は第一原則に従って——

法律にうといといわれればそれまでだが、別に悪いとは思ってない。

つまり「いわれればそれまで」と直結しているわけだから、それをテンで切り裂いたら血が出る。その上うつべきところにうってない。もし両方にうってあれば、まだ「正しいテンのほかにいらないテンがある」ということだけれど、うつべき場所になくてうってはいけない場所にあるという正反対のひどい文章である。

ここでちょっと別の問題だけれども、これを読んでいて初め私はつい「法律にうといというわれわれは……」と読んでしまった。こうカナばっかり並んでいると、字をひとつひとつ読んでいかないとわからない。こんなときの解決法としては、まず漢字を使う方法がある。たとえば――

法律にうといと言われれば……

どうしても漢字がいやな人だったら、こういう時は「わかち書き」をすればよろしい。たとえば――

法律にうとい　といわれれば……

これもいやだったら、傍点をうつこともできる。――

法律にうといといわれれば……

右のわかち書きは一字分のアキだから、視覚的に不自然に感ずる傾向があるため、次のように「半角アキ」にするほうがよい。本書でもこれは何ヵ所かでやっている。――

法律にうとい といわれれば……

次も「あってはならぬテン」によって文がわかりにくくなった例である。

そこで、じゅうたんの上にくるま座になって紅茶と、アラビアコーヒーをごちそうになる。
（『朝日新聞』一九八〇年二月一一日朝刊一面）

「紅茶と」のあとのテンは「ならぬテン」だが、もしうつとすれば第一原則によってその前にうつ。――

じゅうたんの上にくるま座になって、
紅茶とアラビアコーヒーを
ごちそうになる。

次の例も、完全に直列につながっている修飾語をわざわざテンで切り離している。

北海道日高管内静内町にある、シャクシャイン記念館で三日、アイヌ系住民の古式にのっとった結婚式が三十年ぶりにおこなわれました。（『赤旗』一九八一年一〇月六日一面）

右の「……にある、シャクシャイン……」のテンは有害無意味。次の例はどうだろう。

私は出発準備にとりかかった。まずアベールの妻のカーリーが、昨夜寝る前にほしておいてくれた靴や手袋をていねいにもむ。物音で目がさめたのだろうか、カーリーも起き出してきた。（『極北に駆ける』文藝春秋・二三二〜二三三ページ）

もし前後の文をかくして「まず……ていねいにもむ。」の一文だけとりだすと、もんでいるのはカーリーであることになる。「妻のカーリーが、」のテンがそう読ませるのだ。——

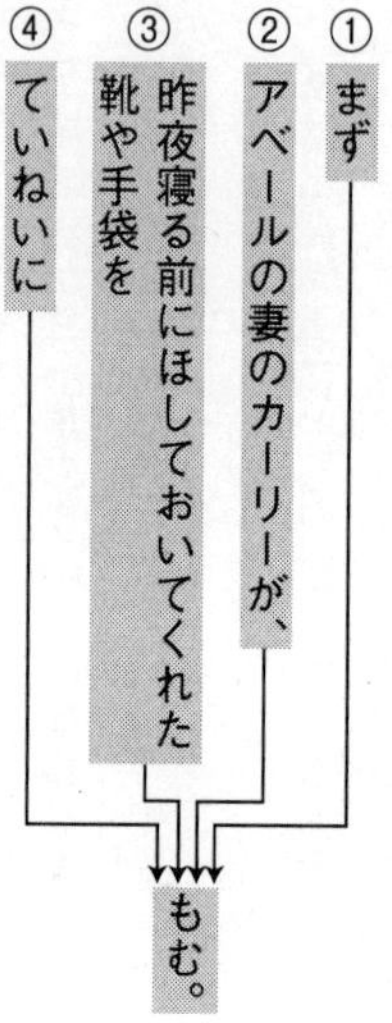
①まず
②アベールの妻のカーリーが、
③昨夜寝る前にほしておいてくれた靴や手袋を
④ていねいに
もむ。

つまり第二原則（逆順）が働いて、しかも主格（が）が一つしか現れないために、短い修飾語としての②が長い③より先に来たためにテンをうったとみる。ところがこの前後の文章によって意味を考えると、もんでいるのは実は「私」であることがわかる。あとの方で「カーリーも起き出してきた」と出てくるため、「おや？　カーリーは手袋などをもんでいたのではなかったのか」と気づく。せめてこのテンがなければ、これほど「完全に」誤解をされはしなかった。「カーリーが」が「ほして」にかかるような読み方をされる可能性もあった。つまり第一原則順に並べればこれは次のような関係なのだ。

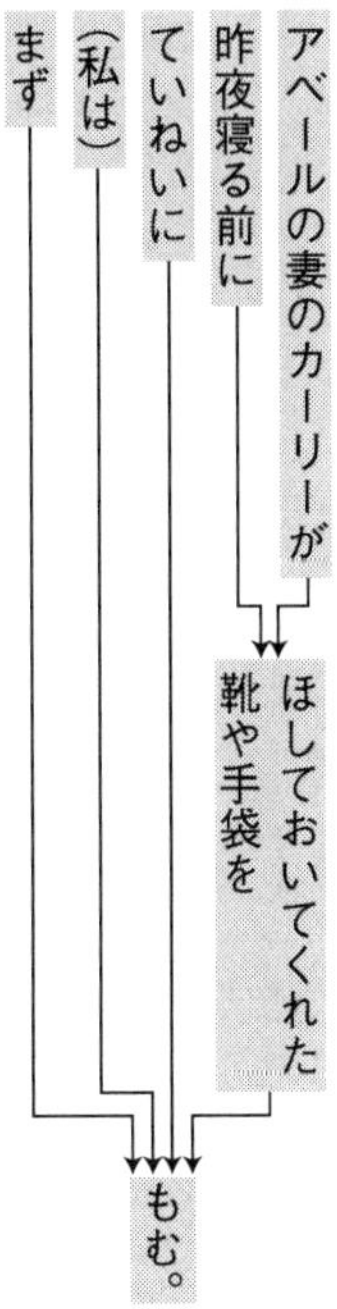
アベールの妻のカーリーが
昨夜寝る前に
ほしておいてくれた
靴や手袋を
ていねいに
（私は）
まず
もむ。

このままテンなしの文にすれば――

アベールの妻のカーリーが昨夜寝る前にほしておいてくれた靴や手袋をていねいに（私は）まずもむ。

このままでもよいが、もし「まず」を先におく方がよいと筆者が考えるならば、それを冒頭においてテンをうつ（第二原則）。

まず、アベールの妻のカーリーが昨夜寝る前にほしておいてくれた靴や手袋をていねいにもむ。

もうこれ以上のテンは必要ないが、もしあえてもう一個ふやすとすれば、「もむ」にかかる最初の修飾語のあとだけ、それだけしかない。――

まず、アベールの妻のカーリーが昨夜寝る前にほしておいてくれた靴や手袋を、ていねいにもむ。

この第二のテンは、しかしながら決して「必要」ではないことを強調しておきたい。潜在している「私は」は、この前の文に「私は出発準備にとりかかった。」とあるので、あえてここで顕在化する必要はないが、もし独立した文として顕在化し、かつ冒頭におきたいと筆者が考えたとすれば、「私は、アベールの……」とすることができる（第二原則）。この場合一番いいのは、「まず」も逆順にして冒頭におき、「私は」と一緒にすることであろう。――

まず私は、アベールの妻のカーリーが昨夜寝る前にほしておいてくれた靴や手袋をていねいにもむ。

以下に挙げる四例は、いずれも余分なテン（傍線部分）として構文を乱している。理由はもう説明するまでもないだろう。

われわれはこれから、ヤーグーティ（ルビーの意）な時代を迎えるのだ、というのが、ホメイニ師によってラジオ・テレビ局の総轄責任者に任命された、ゴドブザデ氏の主張であった。（『私のイラン二十五年』東京新聞出版局）

この言葉自体は以前から存在したが、これを新語というのは、その意味が、パーレビ朝下において、特に二十年ほどの間に急速に発展した、イランの工業を否定する意味で使われるためである。（右に同じ）

同時に、石油資本はイギリス植民地主義を意味し、イギリス植民地主義を庇護しているとイラン人達が信じている、国際資本を指していた。（右に同じ）

クンタは嫌な顔はしない方が利口だとは心得ていたものの、ここのところ数日間ビンタが夜なべで糸を紡《つむ》いでいる間、おしゃべりでうるさい、小さい弟のラミンの守りをさせられてくさっていた。（『ルーツ』上巻・社会思想社）

次の二例は、反対に「必要なテン」が傍線部分にないためにわかりにくくなっている。

亡くなったおばあさんが毛だらけで、赤顔で、変な人相の白い人間たちがいて、大きなくり舟に載せて人をさらって行ってしまう、とよく話していたからであった。（『ルーツ』上巻・社会思想社）

クンタはよく藪の中で自分が一人前の男になったら、すぐに母親のビンタを女らしくふるまうようにしつけてやろうと腹立ちまぎれに考えるほどであった。（右に同じ）

ただしこの場合「必要なテン」を加えるだけでは、それによって致命的欠陥は救えるものの、さらに「余分なテン」を除かなければ構文上の欠陥が無くならぬ。「余分なテン」のほとんどは、さきに述べたように「文の構文のテン」を「節の構文のテン」が侵害した場合である。それらを全部除いた上で構造式として示せば次の図のようになる——

亡くなったおばあさんが
毛だらけで赤顔で変な人相の白い人間たちがいて大きなり舟に載せて人をさらって行ってしまうと
→ よく話していたからであった。

クンタはよく藪の中で
自分が一人前の男になったらすぐに母親のビンタを女らしくふるまうようにしつけてやろうと
腹立ちまぎれに
→ 考えるほどであった。

すなわち、ことは全部正反対だったことがわかる。原文には必要なテンがなくて、余分なテンばかりうっていたのだ。しかし、原則に従ってこのように改良したものの、これはいかにも「翻

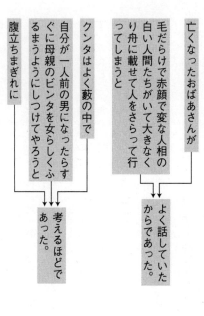

訳調」で、いいかえれば「アングル語のシンタックスをそのまま日本語にはめこんだ調子」だから、よい日本語ではない。アングル語がいかにできても日本語ができなければよい翻訳にならないという意味はここにある。これ以上は、語順の問題も含めてさまざまな改良方法があるものの、本章のテーマではない。では次の例——

秋田おばこらしい、ねばり強さに人びとは同情をこめて「プアー（かわいそうな）ケイ」と呼び、いささか、のんきものの夫には冷たかった。（『朝日新聞』一九七八年七月二一日朝刊・外報面）

最初のテンがひどい。「秋田おばこらしい」のあとにテンを打ってしまうと、どこか後の方に続くのだろうと考える。ところがどこにも続かない。直接「ねばり強さ」にすぐ続いているのだ。絶対こんなところにテンをうってはいけない。これは「ならぬテン」である。うつのなら——

秋田おばこらしいねばり強さに、人びと……

とすべきであろう。これは二大原則のうち第一（長い修飾語）にあたる。

もうひとつ問題なのは最後の「いささか」のあとのテンだ。この原文に従えば、テンによって次のような構造になる。

いささか、
のんきものの夫には　→　冷たかった。

つまり「いささか冷たかった」ということだ。もしそうなら一応これでいい。二大原則の第二（逆順）だから。本来なら――

　のんきものの夫にはいささか冷たかった。

となるべき文章なのだが、何らかの理由で筆者が「いささか」を先に出したいと思ったのであればこれでいい。

　ところが、である。よくよくこの前後を読んでみると、必ずしも「いささか冷たかった」ではないらしいのだ。どうもこれは「いささかのんきものの……」のつもりらしい、筆者としては。（最初のテンで〝前科〟がありますからね、この筆者には。）そうであればこんなところに絶対うってはいけない。想像だが、「いささかのんきものの……」だとカナつづきで読みにくいので、前述の「わかち書き」のつもりでテンをうったのかもしれない。とんでもないことである。

　次の例をみよう。

　学生時代にアメリカン・フットボールのCで、全米学生代表にも選ばれたこともある、フォード元大統領がこういったことがある。「残念に思うこと？　大統領なんかになってしまって、エール大学のフットボール・コーチになりそびれたことだよ。……」（『週刊朝日』一九七八年一二月一八日号・一七一ページ）

右のうちフォードの発言以前の一文には二つのテンがあるが、二つ目（……ある、フォード……）は「打ってはならないテン」であろう。なぜなら、「学生時代に……こともある」という長い修飾語のすべてが「フォード大統領」に直接かかっている。「フォード」にかかる修飾語としては、いかに長くてもこれ一つであって、ほかにはない。となれば、「修飾する側」と「される側」が直結しているのだから、そんなところにテンを打ったら、連結器をムリヤリ引き離すことになる。したがって

……選ばれたこともあるフォード……

というようにテンを除かなければなるまい。

反対に、必要なテンがないために「直結」しているかのような誤解を読者がうける例もよくある。

なかにはつい年末まで、まるで焦点の定まらないことを言っていた者もいるが、さすがにそれでもこの段階になると、対象も論理もデータも、それなりに固まってきて、「先生、ここをどう扱うとピタリとくるでしょうか」と問うてくる論点も具体的になる。若い精神の苦闘

の進展する過程に立ち会っていることは、楽しいことである。私の勉強にもなる。（海南書房『文章のつくり方』八六ページ）

右のなかで「……ピタリとくるでしょうか』と問うてくる論点も具体的になる。」の部分は「……と問うてくる」がおかしい。最初はカギカッコの中（「先生、……でしょうか」）のことを「問うてくる」のかと思ったが、リクツの上でおかしいので読みなおしてみると、「問うてくる」は「論点」にかかるのであった。そうであれば、「……と」は「具体的になる」にかかるのだから、次のような関係になる。

……ピタリとくるでしょうか」と
問うてくる論点も
→ 具体的になる。

つまり「問うてくる論点も」という比較的長い修飾語をとびこえて「具体的……」にかかっている。このように、長い修飾語が二つ以上あるときはその境界にテンが必要だ。すなわち――

……ピタリとくるでしょうか」と、問うてくる論点も具体的になる。

ついでにこの例文の冒頭部分も検証してみよう。ここには「それなりに固まってきて」までに四個のテンがある。このうち四つ目（……データも、それなりに……）がやや問題になろう。これは「固まってきて」に次の三つがかかっている。

① さすがにそれでもこの段階になると
② 対象も論理もデータも
③ それなりに
→ 固まってきて

右のなかで①と②は「長い修飾語」だからその境界にテンを要するが、③は短いのでその前のテンは不要になる。しかもこの場合つぎの「固まってきて」のあとのテンが「必要なテン」だから、前後に「必要なテン」がある中での「不要なテン」となり、それだけ「必要なテン」の役割を侵害してわかりにくくさせる。したがって改良すれば次のようになる。

さすがにそれでもこの段階になると、対象も論理もデータもそれなりに固まってきて、「先生……

次の例はどうだろうか。

そういうことはこれまでにはないことではなかったのに、キラキラと忙しく光る金粉がはじけるような石の色に、なんとなくうさん臭いものを感じたのは、いわゆる女の勘というものだろう。（『婦人公論』一九七八年六月号）

これはテンだけの問題ではないが、まずテンを問題にすると、「……ないことではなかったのに、」の最初のテンは第一原則（長い修飾語）だからよろしい。しかしその次の「キラキラと忙しく光る」が問題である。何気なく読むと、すぐ次の「金粉」にかかる言葉のようだ。しかしよくよく前後を読んでみると、これは「石の色」にかかることがわかる。この「石」とは茶金石という一種の宝石なのだが、そうなってくるとこれは次のような構造になっている。

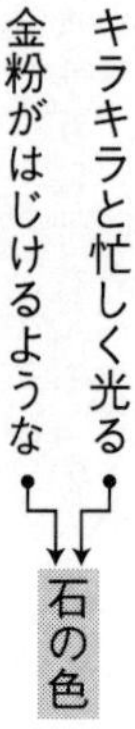

そうであれば、第一原則によって「光る」のあとにテンが必要だ。とくにこの場合、第三章第4節で述べた「親和度」がからんでくるので、なおさら「必須のテン」であろう。「光る」の「金粉」との親和度は、「石」との親和度よりも強い。読者はつい「光る金粉」と解釈してしまう。だから二重の意味で、ここにはどうしてもテンが必要なのである。では次の例——

彼らはイランとシリアを孤立化させる新たな手段としては、経済の断交、シリアとの外交関係の断絶、両国の市民へのビザの発行の禁止、シリアあるいはイランへの飛行を予定している、いかなる国の航空機にも米国着陸権を拒否することなどを勧告している。（『アエラ』

一九八九年八月八日号)

問題は最後のテンである。この一文は次のような構造になっている。

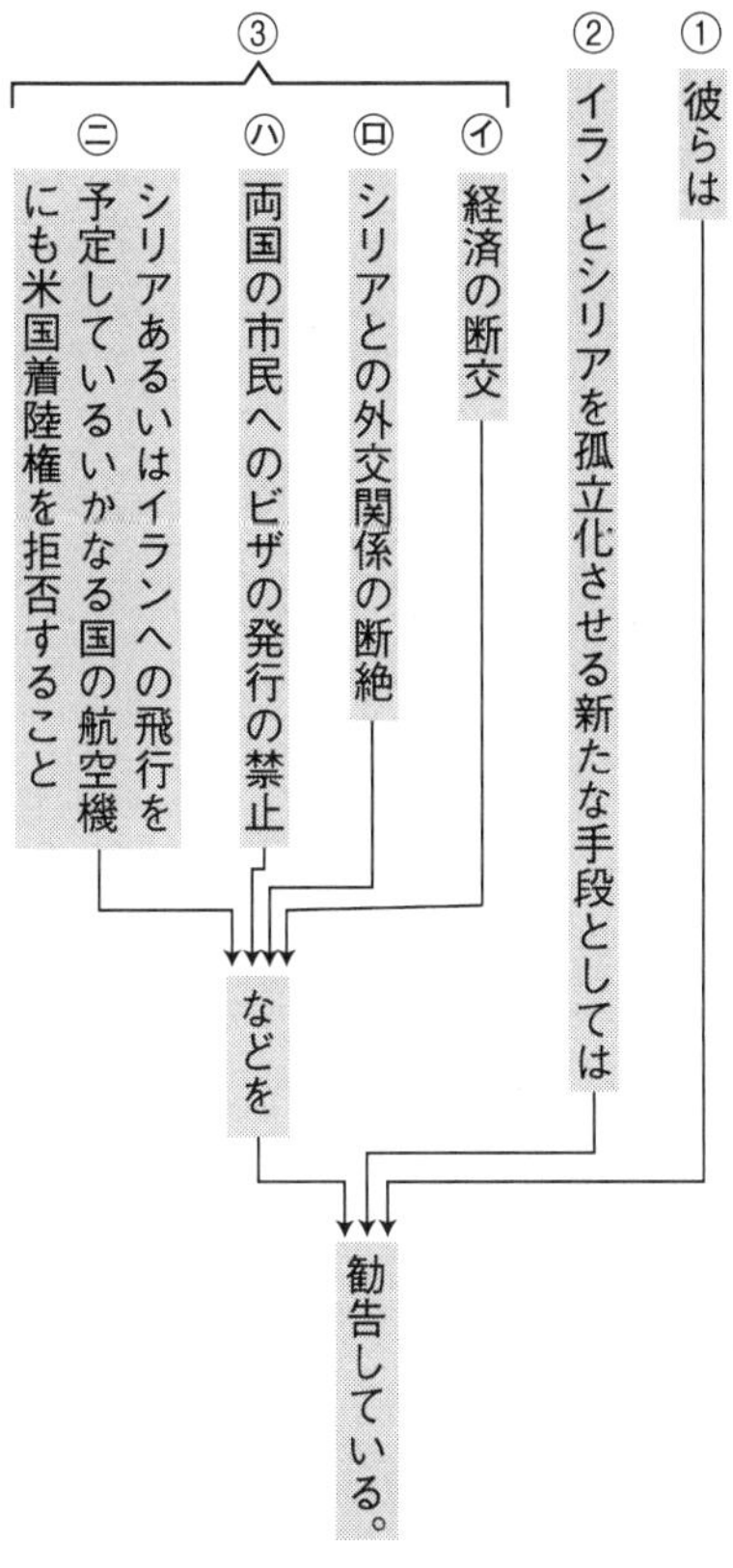
①
彼らは
②
イランとシリアを孤立化させる新たな手段としては
③
㋑
経済の断交
㋺
シリアとの外交関係の断絶
㋩
両国の市民へのビザの発行の禁止
㋥
シリアあるいはイランへの飛行を予定しているいかなる国の航空機にも米国着陸権を拒否すること
などを
勧告している。

つまり「勧告している」という述語にかかる修飾語として①②③の三つが直接かかっているが、さらに③の中で㋑〜㋥の四つが「などを」にかかるという構造である。もしこれら①〜③および㋑〜㋥の境界のすべてにテンをうつと次のようになる。

彼らは、イランとシリアを孤立化させる新たな手段としては、経済の断交、シリアとの外交関係の断絶、両国の市民へのビザの発行の禁止、シリアあるいはイランへの飛行を予定しているいかなる国の航空機にも米国着陸権を拒否すること、などを勧告している。

これで一応の改良はされたことになろう。もちろん問題のテンは除かれた。このテンを筆者がうってしまった心理は理解できる。長すぎるからである。しかし、文章は第一に論理であり、第二にリズムなのだ。論理がすべてに優先する。「長すぎるから」なんとなくテンをうつなどとんでもない。ここで「一応の」改良としたが、さらに改良しようとすれば、この六個のテンは二種のテン（①〜③と㋑〜㋥）が混在していることに注意しよう。語順などをいじらずに記号だけで改良するには、たとえば③の中をカギカッコでくるとか、㋑〜㋥の境界はナカテンにするなどが考えられる。

さて次に、筆者がせっかく正しいテンをうったのに、テンについて無知な（つまりは文章に鈍感な）編集者がさらに「ならぬテン」を勝手に加えたため、テンの原則が乱されてひどいことになってしまった例を挙げよう。（これは当の編集者の名誉にもかかわるので、出所は明らかにしないけれど——）

① 否、一人たりとも、いなかった。

② あれは、私たち納税者に巣食って、高給をはむ寄生虫だ。

③　寄生虫の卵やサナギが「出世競争」に敗れて自殺する例はあっても、成虫ともなれば金輪際、自殺などしないものだ。

右の三つの例文は、いずれも一つの小論文の中にある。このうち「ならぬテン」または不必要なテンはどれだろうか。すぐお気づきのことと思うけれど、一応順に説明しよう。

①は「一人たりとも」のあとのテンが原文にはなかった。しかもこの文は、「否」のあとが原文だとマルになっていた。さらに、これはリズムと文体に関係することだが、「否」のあとに「ゼロ」として再びマルがあった。編集者は「否」も「ゼロ」も同じことだからと〝合理的〟に考えて「ゼロ」を削った上で、「否」のマルをテンにし、さらに余分に「一人たりとも」のあとにテンを加えた。これはテンだけの問題をこえて、他人の文体を勝手に改竄《かいざん》する犯罪的編集である。

②は二番目のテン（「……巣食って」のあと）が原文にはなかった。この場合の構造は次のようになっている。

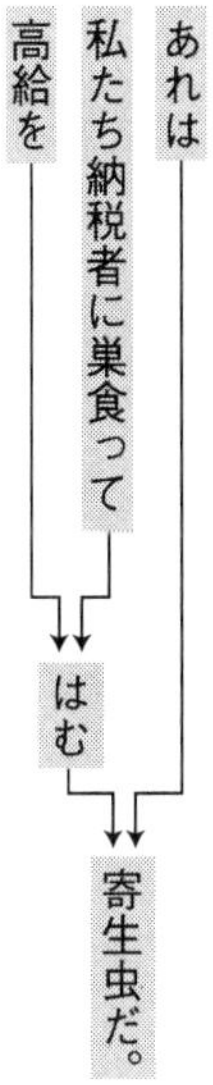
あれは
私たち納税者に巣食って
高給を
はむ
寄生虫だ。

つまり「あれは」だけが逆順で冒頭に出したからテンが必要だが、あとは全く順当だから、ヘンなテンを加えると論理的に欠陥文になってしまう。

③の構造を見よう。「……あっても」までは重文の前半だから、問題の後半だけを見ると――

成虫ともなれば
金輪際
自殺など
→ しないものだ。

全く順当な語順である。どこにもテンはいらない。もし「しいて」加えるとすれば、「成虫ともなれば」のあとであって、「金輪際」のあとになど金輪際うってはならない。もし漢字がつづきすぎるなら「金輪際」と「自殺など」を逆にすればよろしい。実はこれは私自身の文章なので、ここに原文を示すことができる。――

① 否。ゼロ。一人たりともいなかった。

② あれは、私たち納税者に巣食って高給をはむ寄生虫だ。

③ 寄生虫の卵やサナギが「出世競争」に敗れて自殺する例はあっても、成虫ともなれば金輪際自殺などしないものだ。

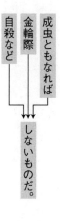

ここで少し変わった例をあげよう。

やあ、花ざかり。二杯目、ですね。

これはビールの広告である。若い娘たちが五人くらいそろってビールを飲んでいる写真に、この文句がついている。これは私としては実に嫌いな、いやみったらしい文だ。しかし広告文としてはうまいと思う。広告なんかだと、いやみでも少々神経にひっかかるのがいい。この広告文をなぜ紹介したかというと、さきに「思想の最小単位」としての強調のテンについてふれたが、この「二杯目」のあとのテンはその好例だからである。普通なら当然「二杯目ですね」とテンなしになるところを、わざと切った。「二杯目」と言っておいて、「この想像は当たっているだろう」という目で、ちょっと間《ま》をおいて「ですね」とやった呼吸が見事である。

と、まあいろんな実例をマナイタにのせたが、こんなにうるさいのでは文章を書くのがめんどくさいと感じた人もあるかも知れない。しかし「二大原則」というような理屈はあとでいい。まず自分の書いた文章を読んでみて「おかしいな」と思ったら、そのときだけこうした原則を参考にすればわかるということである。まず原則を頭の中に覚えてそれから作文を考えるのではなくて、作文はどんどん自由に書いて、読みなおしてみて「おかしい」と思ったときだけ、なぜおかしいのかを考えるときにこの原則を参考にしていただく、それだけのことである。

以上で「テンのうちかた」の応用篇を終わる。たった二つの原則しかないことがわかったのだから、作文の実践をする上でもキラクではなかろうか。ただしこれはあくまで私の仮説なので、そこは「謙虚に」保留しておきたい。あとは「思想のテン」として、強調なり何なり筆者が意味をもたせたい所に自由にどうぞ。「自由に」といっても決してむやみと多く打ちすぎないように。多くなるほどテンのひとつひとつの意味は弱くなり、比重が軽くなってゆく。

*

テンの少ない人の例として、吉本隆明氏の文を引用しておきたい。ある画家についての文章の、冒頭から最初の段落までである。――

山下菊二が与えた最初の印象は鳥の性格や感情を人間とおなじように解する人というものであった。あるとき大塚睦と一緒にやってきて鳥たちとの同棲生活についてつぶさに語り出した。その話はむきになって鳥たちと反目したり意地を張ったり愛しあったりする物語になっていたので、特異な鳥と人との家族生活を見るおもいで、すぐに強く惹き込まれていった。それとともにこの画家の特異な人格的な吸引力がすぐに理解された。鳥たちとの同棲生活には餌をやり糞便の始末をし、病気になると親身に看護してやるといった、世の動物愛好者が誰でもやっているにちがいないこまごまとした手続きがとられているという意味ではどここにも特異さはなかった。ただ文字通り鳥たちと同棲しているという一点にその生活譚の特異さがあった。世の愛好家たちも鳥を飼い世話をし愛玩するにちがいない。あるばあいにはじぶんの子供のように大事にあつかい、子供にたいするとおなじ愛執をそそぐにちがいない。けれど度を越した動物愛好家たちが時に嫌悪を感じさせるとすれば、その愛玩が代償行為の残像をひきずっているからのようにおもえる。亡くしたわが子の代償であったり、亭主と疎遠になった捌け口であったり、恋人に去られた傷あとの補償であったりというように。動物は愛好家たちの心理的な欠如の等価物なのだ。山下菊二の鳥たちとの同棲生活も必ずや何かおおきな欠如の代償にちがいない。ただこの欠如は世の愛好家たちのようなたんなる心理的代償ではないことは明瞭であった。かれが鳥たちとの同棲生活を語るとき、これらすべての愛好家たちと異っていた。かれは鳥と同等の資格において生活を共にしていることがすぐにわかった。鳥として愛玩しないかわりに鳥たちが振りまく一切の行為を是認している。鳥たちはそこでは人間そのものであり、山下菊二はそこでは鳥そのものであって、飼鳥と飼い主の人間の関係などではさらさらない。鳥たちはかれにたいして嫉妬し、ひがみ、悪たれをつき意地悪をするかとおもうと、異性のように慕い寄ったり同性のように反発したりする。かれの方もむきになって反応していることがわかる。かれの話術のなかに登場する鳥たちは人間の感情をもっているし、まったく人間的に振舞っていることがすぐに判った。それはかれのほうが鳥の感情をもち、鳥として振舞うようにその生活の歯車が必然的になってい

るからだと思われた。（『くずれる沼――画家・山下菊二の世界』＝すばる書房＝から）

最後に、本章で述べたようなテンの打ち方の原則とよく一致している文章家の実例として、串田孫一氏の著書から引用しよう。

小学生の作文集を推薦する。それも教育ということに余り毒されていない先生が、誤字を訂正する程度にとどめて、表現その他には全く手を加えていない作文集を特に推薦したい。何故なら、印刷されて立派な本になった作文集は必ずと言っていい程整えられてしまっているからだ。私は子供の作文を専門に検討したことなどはないが、大人が手を加えた箇所は歴然としていてすぐに分る。

たった一度、全国から集められた小学生の作文の審査に加わったことがあるが、集められる前に、先ず学校で選ばれ、次にその地方で選ばれ、更に、審査委員に余り数多くの作文を読ませるのは気の毒だという配慮から、また選ばれて、私の読まされた三十篇程の作文は、どれもこれも優等生の作文ばかりであった。

優等生と言う言葉は成る程余り芳しくない場合に使われる傾向があるが、最後に残された作文も、何れも確かに優等生のものと言いたくなるものばかりだった。

子供は手もよごれている。顔を洗うのも好まないし、放って置けば着物もよごれている。

如何にもそういう子供が書いたようなものは一篇も残されていなかった。どれもこれも、散髪をし、風呂に入れられ、新調の服を着せられた姿しか想像出来ないような作文で、味も何もないものばかりだった。

　私は一番最初に学校内で篩《ふる》い落とされた中には必ずいい作文があったに相違ないと、そればかりを惜しく思って、審査に全く気乗りがしなかった。

　こういうものが教育熱心な親に読まれた時の悪い影響、恐ろしい結果は説明する必要はない。そうかと言って、大人の手の加えられていない子供の作文を読んだ親が、自分の子供に対して抱いていた不安が消えるなどというつもりで薦めてはいない。私の願いは、何処のどういう子供が書いたのか分らない、偽り事の少ない文章に接して、子供に対する親の、或いは大人の偏見を充分に訂正して貰いたかった。そして、そこまで口出しは出来ないことかも知れないが、いわゆる優等生と言われて密かに軽蔑されているような子供になることを願わないで戴きたいという気持も含まれている。（串田孫一『小さくなる親』＝スキージャーナル社・一九八一年＝の「優等生」から冒頭二ページ）

第五章

漢字とカナの心理

日本の国語国字問題で、漢字とローマ字について論じはじめると、もう底なしの泥沼に引きずりこまれてしまうようだ。さまざまの立場の考え方を紹介するだけでも、一冊の単行本ではとうてい収容しきれないだろう。しかもこれは、文部省を通じて教育の現場に影響し、直接的に政治とかかわりもするため、対立はきわめて深刻なものにならざるをえない。

私自身も国字問題としての漢字とローマ字について一応の主張を持ってはいるが、ここでそれを述べようとは思わない。それは第一に、まだ確信をもって主張するほどの勉強をしていないことによる。また第二に、本稿の目的はこの問題とは別のところにあるので、軽々に論ずることは避けたいためである。基本的な私の姿勢としては、できることなら漢字はない方がいいと思うし、表音文字による日本語表記を理想としている。しかし読むという点からすれば漢字には抜群の長所がある。また日本語の表音文字にローマ字がよいかどうかの判定には自信がない。カナまたはカナ的原理（音節文字法）の長所も捨て難い。したがってここでは、日本語の国字が一応「漢字とカナの組み合わせ」である現状に立った上で、その範囲内での「わかりやすさ」を論ずることにしたい。

極端な話からはじめよう。全文を万葉仮名（漢字）で書いてしまうと、これはもはや「漢字とカナの組み合わせ」ではないから、まず可能なかぎり漢字を使った場合から考えてみることにする。実例は何でもいいが、手もとに堀川直義氏の『記事の書き方・直し方』という本があるので、この中から「漢字の数」という章の一文を抜いてみよう。

現代の日本文は、だいたい平がなと漢字のまじり合った文章であるが、そのまじり具合が問題なのだ。

これに「可能なかぎり」漢字を使ってみると次のようになる。

現代の日本文は、大体平仮名と漢字の混り合った文章であるが、其の混り具合が問題なのだ。

ここで送りがなの問題もまた起こるが、これについてはこの章の最後に少しふれる。右の例の場合、漢字がむずかしいかやさしいかといった問題は別として、「わかりやすさ」を考えてみると、明らかにひっかかるのは「大体平仮名」の部分である。(もし送りがなを極度に少なくした場合は「其混具合」といった書き方も可能であり、同様にひっかかる部分となろう。)なぜこれがわかりにくくなるのだろうか。反対に全部をカナにしてみると――

げんだいのにっぽんぶんは、だいたいひらがなとかんじのまじりあったぶんしょうであるが、そのまじりぐあいがもんだいなのだ。

これもまた明らかにわかりにくい。すなわち漢字ばかりでもカナばかりでもわかりにくいのだ。ということは、同じような形の字ばかり続くとわかりにくいということである。「げんだいのにっぽんぶんは」というふうに書くと、読む側はカナの一字一字を拾って読まねばならず、ひとつのまとまった意味としての「現代」や「日本文」が、全くの基礎記号としてのアルファベットに分解してしまう。「げんだい」も、「いのにっぽ」も「ぽんぶんは」も、言葉のまとまりとしては同格になってしまうのだから、読む側は瞬間ごとに一種の翻訳を強要されるわけだ。漢字ばかりのときも同様である。「大体平仮名」とすると、「大体」も「体平」も「仮名」もまとまりとしては同格だから、意味の上でどこで切れるのかは、読者による一種の翻訳が強要される。読みにくいはずである。ローマ字を国字としている言葉たとえばアングル語でもこれは同じだ。

HewasanoldmanwhofishedaloneinaskiffinthegufStreamandhehadgoneeightyfourdaysnowwithouttakingafiSh.

これはアーネスト＝ヘミングヱイ作『老人と海』の冒頭だが、これではたいへん分かりにくい。これを単語にわかち書きして——

He was an old man who fished alone in a skiff in the Gulf Stream and he had gone eighty-four days now without taking a fish.

とすれば分かりやすくなる。しかしわけて書いても全部を大文字にして——

HE WAS AN OLD MAN WHO FISHED ALONE IN A SKIFF IN THE GULF STREAM AND HE HAD GONE EIGHTY-FOUR DAYS NOW WITHOUT TAKING A FISH.

とすると、これもまた分かりにくい。なぜ大文字が分かりにくいか。それはみんな同じような形で、そろった大きさだからである。小文字であれば old とか fished とか gone とかいうように、上や下に突き出た棒や線があるため印象が違ってくるのだ。FISH も GONE も大差ないが fish と gone とではたいへん違った「まとまり」である。つまり眼で見て違った〝絵〟が並んでゆくほど、パッと一目で早く読めることになる。

このように、カナにせよローマ字にせよイニュイ（エスキモー）文字にせよ、表音文字はわかち書きにしないと全く意味不明になってしまう。こころみに日本語のローマ字でやってみよう。

hasinohasikkonohôdehasiwosuteta.

これはローマ字による日本語だが、これではわけがわからぬ。分かち書きにすると——

hasino hasikkono hôde hasiwo suteta.

となり、かなり読みやすくなった。カナにしてみよう。

はしのはしっこのほうではしをすてた。

これだって分かち書きのほうが読みやすい。

はしの　はしっこのほうで　はしを　すてた。

しかしもっと読みやすくするには漢字を加えることだ。

橋の端っこのほうで箸をすてた。

こうすれば分かち書きをしなくてもわかりやすい。

以上の検討で明らかなように、漢字とカナを併用するとわかりやすいのは、視覚としての言葉の「まとまり」が絵画化されるためなのだ。ローマ字表記の場合の**「わかち書き」に当たる役割を果たしている**のである。もともと漢字は絵から出発した象形文字を基礎としている上に、それ自体が意味をあらわす表意文字（より正確には単語文字）だから、ローマ字やカナに比べて視覚的なわかりやすさは抜群だ。それにさらに「わかち書き」的な意味と表音文字としてカナを加えた日本語の国字は、その意味では実に読みやすい方式ということもできよう。ある意味では世界に誇る大発明である。しかし書くためにはかなりの難題をかかえていることは否定しがたい。*

漢字とカナの併用にこのような意味があることを理解すれば、どういうときに漢字を使い、どういうときに使うべきでないかはおのずと明らかであろう。たとえば「いま」とすべきか「今」とすべきかは、その置かれた状況によって異なる。前後に漢字がつづけば「いま」とすべきだし、ひらがなが続けば「今」とすべきである。

Ⓐ｛その結果今腸内発酵が盛んになった。
　その結果いま腸内発酵が盛んになった。

Ⓑ｛閣下がほんのいまおならをなさいました。
　閣下がほんの今おならをなさいました。

右のⒶは「いま」、Ⓑは「今」の方が視覚的にわかりやすい。編集者のなかには、こういうとき統一したがる人がいる。「今」は漢字にすべきかカナにすべきか、などと悩んだ上に決めてしまうのは、愚かなことである。実例を見よう。——

ナポレオンは、倉庫にあるほとんどからの穀物貯蔵箱に、へりすれすれ近くまで砂をつめ、その上を残りの穀物やひきわりですっかりおおうように命じた。（『動物農場』角川文庫）

右のうち「……にあるほとんどからの」「……やひきわりですっかりおおうように」は読みにくい。「……ほとんどカラの」「……ほとんどからの」「……ほとんど空《から》の」「……や挽《ひ》き割りですっかり被《おお》うように」「……やひきわりですっかり……」などと漢字や片カナや傍点を使えば解決するが、漢字の場合は当用漢字とのジレンマが出てくる。「へりすれすれ」も「へりスレスレ」の方がわかりやすいが、むやみに片カナを使うのも好ましくないとなれば、この問題は当用漢字無視（ルビ使用）か傍点以外にあまり名案はなさそうだ。日本語をローマ字化すれば分かち書きによって解消することだが。

漢字とカナの関係の基本的原則は、こうした心理上の問題に尽きるといってもよい。となると、最近の当用漢字の用法にも、当然つよい疑問が起きざるをえなくなる。当用漢字にないからといって、たとえば「こん虫」「書かん」「両せい類」などと書いたのでは、まるっきりわかりにくくなってしまうのだ。「書翰」を「手紙」というように、単純に書きかえできるものはまだしも、「昆虫」イコール「虫」ではない（たとえばクモやゲジゲジは虫であっても昆虫ではない）から、「昆虫」の書きかえは不可能である。新語でも作るほかはない。といって「こん虫」とやったのでは、まず本来の意味がわかりにくくなる。「こん虫」は「昆虫」という字を知っていてこそ判読できる性質のものだ。そうであれば「こん虫」とする意味は全くなくなる。そしてもうひとつの問題が、ここでいう漢字とカナの心理なのだ。どうしても「昆」という字が使えないとすれば、わかち書きとしての漢字カナまじりの文の長所が完全に破壊される。「こん虫」式に漢字を使って極端な文を作ってみれば、次のような日常的日本語さえも読みにくくなる。

本しょの目てきは、へん形生せいぶん法のたち場からにっ本ごのぶん法を、特にれん体修しょくこう造を主だいとしてき述することである。

これを原文にもどせば次のようにわかりやすい。

本書の目的は、変形生成文法の立場から日本語の文法を、特に連体修飾構造を主題として記述することである。（奥津敬一郎『生成日本文法論』「はしがき」から）

このように考えれば、「こん虫」式の書き方をしては、な、ら、な、い、と結論することができよう。当用漢字にない場合は「昆虫（こんちゅう）」と読み方を示すか、「昆虫《こんちゅう》」とルビをふることだ。私は一般に当用漢字など無視しているが、むやみと漢字を使うのが「良い」ことだとは思わないので、仕方のないときはルビを使うことにしている。しかし新聞記事では当用漢字を強制される上にルビも使えないので、そんなときは右のようにカッコの中で読み方を示すか、あるいは次善の策として「コン虫」というようにカタカナを使う。これだと少なくともわかち書きの作用を果たすことにはなる。ひどい実例を拾ってみよう。

ここからはい草の睡眠用マットが大量に輸出されているが、同省はすでに七五年当時よりい草栽培面積を七倍にも広げた。（『朝日新聞』一九七七年四月三〇日朝刊七ページ）

この文で「い草」が藺草《いぐさ》のことだと分かるまでに一定の〃時間〃を要した。前のカナとの親和性が強いから「はい草」（ハイソウ）と読んだりする。これなどはイグサと書けば直ちに解消する問題なのだが。次の例はどうだろう。

その対象は、庁舎警備、電話交換からごみやし尿の収集、さらに、母子寮、老人ホームに

も及ぶ。（『朝日新聞』一九八六年六月九日夕刊）

「からごみやし」って何のことだろうと一瞬とまどうが、「し尿」が「屎尿」と気付けば容易に理解できる。制限漢字を機械的にカナにするからこうなるのだが、リクツで文章を考えて読者のためを思えば、こういう鈍感な文字づかいはできないはずだ。こんなとき「屎尿」が使えなければ、「シ尿」または「シニョウ」とカタカナにするなり「しにょう」と傍点をうつなりで分かち書きができるが、こんな言葉を使わずに「大小便」といった言いかえを考えたり、「便所（あるいは厠《かわや》）のくみとり」などと別の表現にしてもよい。

次の例も同様である。

熊本工高出身、朴とつそのままの川地君。（『朝日新聞』一九八二年一月一四日夕刊）

「朴とつ」は「朴訥」だが、これも「朴トツそのまま」とするだけで誤解を防げる。しかし基本的には、「朴訥」がだめなときは別の言葉に言いかえるなり、ルビを使うほうが良く、漢語の成語を半分ちぎってカナまじりにすべきではない。

次の例はどうか。

この地位がいつまでもつかわからないからこそ、市側は引き留めに必死の努力を払ったのだが、……（『朝日新聞』一九八八年一一月一九日朝刊）

カナがあまりに長くつづくと、わかち書きのないローマ字文章と同じことになる。こんなときは「この地位がいつまで持つかわからないからこそ」「この地位がいつまでもつか分からないからこそ」などと漢字を使うべきであろう。梅棹忠夫氏は原則として訓《くん》をすべてカナにし、音《おん》だけ漢字にしているが、あまりにカナがつづくときはわざと漢語をつかって分かち書きの役割をはたさせている。（いまここで「わざ」に傍点を加えたのも分かち書きの役割が目的である。）

次の例もこの次元の問題であろう。

現在、海にそそぐ川の川口付近にたいがいみられ、都市をのせていることの多い平野はみな海中に没して、……（ＮＨＫブックス『森林の思考・砂漠の思考』一二五ページ）

右のなかで「にたいがいみられ」の部分が、三回ほど読みなおさないと分からなかった。むろん「たいがい」は「大概」だが、この漢字を使いたくないときは傍点を加えるか、あるいは別の表現を考えるほうが良い。漢語をそのままカナで書くこのような例は、前後関係を考えないと分かりにくくなる。

＊

漢字とカナの組み合わせによる文章となると、どうしても送りがなの問題にふれざるをえない。しかし送りがなというものは、極論すれば各自の趣味の問題だと思う。ひとつの法則で規定しても無理が出てくる。ほとんど唯一の可能な法則化は、語尾変化可能な部分以下をすべて送りがなにすることだ。たとえば「終る」という単語は「おえる」とも変化する以上、「終わる」としなければならない。文の最後に出てくる「終」も「終わり」だ。反対に「すくない」は「すくな」までが語幹だから「少い」と書くと、「すくなくない」は「少くない」になる。これはどうも「すくない」のか「すくなくない」のかわかりにくい。文部省は四苦八苦して定めたものの、どうしても都合が悪くなって、これまで何度も改定してきた。新聞社はそのたびに右往左往させられ、今やいかなる記者といえども、校閲部の専門家以外に現行の規定を正確に守りうる者はいなくなった。送りがなは、規定すること自体がナンセンスなのだ。文豪たちの作品を見られよ。なんと好き勝手にそれぞれの方法で送りがなを使っていることだろう。要するに送りがな問題は、趣味に従って勝手気ままにすればよいということである。

ただ、いくら趣味の問題とはいえ、同じ一人がいろいろ違った方法で書いてはまずい。あるときは「少い」と書き、あるときは「少くない」と書いたのでは、読む方が混乱する。あまり送らない傾向の人は全文を常にそうすべきであり、送りたい趣味の人は常に送るべきである。私自身は比較的よく送るようにしている。「住い」を「すまい」と読ませたり、「始る」を「はじまる」と読ませるのは、読者に一種の翻訳を強要することになりがちだ。やはり「住まい」「始まる」としたい。

とはいえ、これは論理の問題としては大したことではない。やはり趣味の問題であろう。ただ誤解のおそれのあるもの、たとえば先の「すくない」は「少ない」がいいだろう。したがって「すくない」は「少なくない」となる。

さて、漢字とカナの組み合わせが「わかち書き」の役割を果たすとなると、読点（テン）との関係で少々困ったことが起こる。すなわち、さきに第四章でテンの打ち方を考えたときは、もっぱら論理として（統辞論として）の原則であった。ところが一般に使われているテンの中には、単に「わかち書き」のために打たれている例が多い。となると、わかち書きという物理的なテンが、論理としてのテンを侵略して、統辞の上で重大な破綻をもたらすことになりかねない。これでは第四章の原則が成りたたなくなる。

結論として、わかち書きを目的とするテンは一切うたないことだ。その結果どうしてもカナばかり続いて読みにくいところが　できてしまったらどうするか。まず漢字、次いで傍点やカタカナを考えてみるが、それでもダメな場合は、ほんとうにわかち書きをすればよい。たとえば「あけまして　おめでとうございます」のように。このとき一字ぶんあけるのでは広すぎるので、半分の「半角アキ」（二分アキ）にして「あけまして　おめでとうございます」とすることも多い。（ここでも四行前の「……読みにくいところが　できてしまったら……」で実例を示した。）これは幼児用のカナばかりの本によくみられる。しかし実際には、そこまでしなければならぬ例は案外すくない。*

ついでながら、外国語をカナ書きにするときの表記方法についてもふれておきたい。音韻構造が日本語と全く同じ外国語というようなものは ほとんど考えられない以上、表記法の異なる外国語をカナに移すことは不可能である。それはローマ字であろうとアラビア文字やレーヴァナーガリ（ヒンディー語の文字）であろうと変わるところはない。たとえばアングル語のローマ字表記における tu と日本語のローマ字 tu（ツ）とは発音が違う。これは日本語をヘボン式にして tsu としてみても、アングル語式に発音すれば決して日本語の「ツ」と完全に同じにはなるまい。（だからこそ日本語は日本式〈訓令式〉ローマ字でなければならず、アングル語式〈ヘボン式〉のごとき植民地型言語政策をとってはならない。）アイヌ語の音韻構造は日本語に近いのでカナ書きと実際との間に違いが比較的少ない方だが、それでもアイヌ語式カナ表記として「ㇳ」(tu) のような例が必要になる。奇怪なことだが、さまざまな言語をローマ字で書けば正確に表せると考えている人が案外多い。もし全人類の言語を正確に表記するとしたら、ほとんど無限の音声記号を創るほかはない。現在使われている「国際音声字母」その他の音声記号にしても、あくまで近似値としての約束の上での話である。ましてローマ字であれカナであれギリシャ文字であれ、各国の国字はある一つの言語を表記するための「約束」にすぎないのだから、これを他の言語に適用するときは別の約束に従うほかはない。

たとえばベトナム語で［tʃiː］という音声記号の言葉をローマ字で表すと tri になるが、これはもちろんベトナム語だけに通用する約束の上で決められたものだ。したがって tri を日本式〈訓令式）ローマ字の約束で発音しても違うし、アングル語式ローマ字の約束でも違う。だからtri:をトリ［toɾi］と書いたら、それはもう［tʃi:］とは似ても似つかぬものとなり、トリすなわち日本式ローマ字のtori［toɾi］とベトナム人に言っても全く通じない。より実情に近くカナ書きすれば「チー」であろう。

カナのような音節文字は、母音または「母音プラス子音」がセットになっている日本語に適した表記であるために、カナ表記するとき子音の多い言葉ほど実情と離れやすくなる。アングル語のように母音の種類が多い割に量が少なく、かつ子音の種類も量も多い子音中心構造の言語は、カナ表記には最も不適当だろう。（アングル語のようなタイプの言語は、他の多くの民族にとって発音や聞きとりの点で〝世界語〟には不適当なグループに属するだろう。）

このような背景を理解した上でカナ表記を考えるなら、次の三つの条件を考慮した上で決めるのが得策と思われる。

①どんなに努力しても実際と一致することは不可能である。
②実際にそのカナを発音してみて、どれが原語に「より」近いかを考える。
③どうせ不可能なら、むしろ日本人にとって発音しやすい（視覚的にもわかりやすい）方をとる。

たとえばベトナム語の「ベトナム」（音声記号だと［vietnaːm］）はベトナム語ローマ字表記だと六声のトーンも加わってViêt-Namとなるが、これは決してアングル語ローマ字表記（ヘボン式）のvietnamでもなければ日本語式ローマ字表記のvietnamでもない。ところが、これを「ヴィエトナム」とカナ書きする人がある。こういう人たちには、どちらかというと衒学《げんがく》的（ペダンチック）な傾向が強いようだ。しかしヴィエトナム（すなわち日本式ローマ字だとvi-e-to-na-mu）と言ってみてもベトナム人に通じはしない。むしろヴェツナンとでも言った方がいい。どうせ通じないのなら、妙にコケおどしの衒学的表記などしないで、すでに慣例化した単純な「ベトナム」でいいではないか。

　しかし、まだ慣例のないものをカナにあてるときは、もちろんできるだけ実情に近い方がいい。その場合でもやっぱり日本人に適した方法（前記条件の③）をとるべきであろう。イニュイ（エスキモー）語のᖃᖅᖃᖅ（カナダのイニュイ文字・「山」の意）は音声記号だと［qaqqaq］だが、たとえばこれをカクカックとカナ表記すると「ヴィエトナム」式に奇妙なことになる。kakuka-kkuなどと言ってもイニュイに通じはしない。そうであればむしろ「カカ」くらいにする方が、日本人には読みやすいだろう。腕時計のイギリス語はwatchだが、これを発音［wɔtʃ］どおりに書くつもりで「ウオッチ」（すなわちu-o-tti）などとカナ書きするより、むしろ船員用語の「ワッチ」（見張り＝watch）と書く方が実際に近い上に、日本語の文章の中でも単純でわかりやすい。船員の言葉とか人力車夫の言葉にはこういう例がよくある。ということは、衒学的なエライヒト*の表記よりも、庶民のやりかたの方が優れているということでもあろう。

第六章

助詞の使い方

言語を非常に大ざっぱに分類するとき、コトバとコトバとの関係を示す方法によって、フランス語やアングル語のように単語が形を変える方法によるものを屈折語、中国語やベトナム語のように単語を並べる順序によるものを孤立語、日本語や朝鮮語のように助詞と助動詞などを使う手段によるものを膠着語《こうちゃく》と呼んでいる。この古典的分類には問題もあるようだが、ともかく助詞と助動詞は日本語の性格を決定する重大な品詞には違いない。この両者のうち助動詞の方は、主人公の単語の意味を決めたり、陳述を助けるといった文字通りの補助的役割を果たすだけだが、助詞の方は文章全体の構造を支配するきわめて重大な役割を演ずる。膠着語の統語法の根幹をなす品詞である。(その意味では助詞というより幹詞とでもいうべきかもしれない。)したがってこれを作文技術の上でとくに重視せざるをえないのも当然である。日本語を正確に使いこなせるかどうかは、助詞を使いこなせるかどうかにかかっているといっても過言ではないだろう。助詞はそれほど重要な役割を果たしている。

助詞の中でもとびぬけて重要で、かつ便利な助詞は「ハ」である。それだけに「ハ」は文法家の間で常に論議のマトとされてきたし、今もされている。ここで文法論に深くたちいる気はないが、本稿の目的としての「わかりやすさ」という側面からだけこの助詞に言及しておきたい。

私たちもそうだったが、今の中学生たちも学校で日本語の文法を教えられるとき、もはや文法は確立したもの、がっちり完成された論理として習う。この方面にとくに関心のある人や学者は別として、一般の大部分のおとなもそう思っているだろう。

だが実は、これは全くの神話であり、幻想なのだ。日本語の文法は、極論すればどれもこれも仮説の域を出ないとさえいえよう。（もっと極論するなら、世界中の言語の文法はすべて未完成だともいえるが、ここでは一応日本語に限っておく。）私はこれまでの記述で、いわゆる文法用語はなるべく使わないようにしてきた。その第一の理由はもちろん私が文法用語を使いこなすほど知識がないことによるが、それ以上に大きな理由は、文法用語を心配なく使えるほどには日本文法が確立していないからである。

できることなら、文法のことになど私はふれたくなかった。そんなことは、さまざまな仮説でしのぎを削る学者にまかせておけばよい。しかしたとえば「主語と述語」というような、すべての教科書にまっさきに現れる文法用語にしても、あまりにも問題が多いのだ。そして「わかりやすさ」を考えるとき、このことはどうしても考慮の外におくわけにはいかない。いわゆる翻訳調の文章がなぜわかりにくいのか。第三章の「語順」の問題で、長い修飾語を先にするとなぜわかりやすいのか。こういう問題と「主語」の話とがいやでもからんでくるのである。「わかりやすさ」を考えてゆくうちに、「主語」というものに強い疑問を感じていたとき、これまでにも名が出てきた三上章という文法家（といっても、最初からの国語学者ではなく、もともと理科系だったが、中年から文法を研究しはじめた人）の文法論を読んだ。

Ｎ＝チョムスキーというアメリカ合州国の言語学者は、一般的日本人にはベトナム戦争への反戦運動で知られているが、言語学者や哲学者の間では、いわゆる変形生成文法の創始者としてたいへん名高い。この人の言いだしたことを、少々乱暴ながら一言にまとめると、こういうことである。——これまでの文法は、表面に現れている言葉（表層構造）だけを対象にしていたが、言葉にはその奥に別の構造をもった文法（深層構造）がかくされている。これに注目しないでいて、表層構造ばかり問題にしてもラチがあかない。たとえば、次の二つの文章を比べてみよう。

①小さな子供の学校がある。

②小さな子供の学校がある。

右は二つとも、表層構造は全く区別がつかない。いわゆる文法的にも誤ってはいない。しかし実際には、①は「小さな」が「子供」を修飾し、②は「学校」を修飾しているとすれば、その意味は全く違う。これだけとりだしてみても深層構造はわからないが、前後の文章や、語られるときならその調子などによって、読み手（きき手）には正確に伝えられる。この場合、もし深層構造をより表面に出そうとするなら、②は書きかえて——

子供の小さな学校がある。

とすることができよう。しかし①をそのように変えることはできない。ここに両者の深層構造における文法上の決定的違いが明らかにされる。

……と、まあこういった分析を、もっと徹底的にすすめていったのが「変形生成文法」なのだが、三上章氏は日本語の助詞「ハ」について、その深層構造を独自に掘りさげてゆくところから新理論を提出したともいえよう。その結果到達した一つが「主語廃止論」である。三上氏の文法論は、もちろん完全無欠の域に達したわけではないが、日本語というものの基本的性質を知る上で、たいへん重要な指摘をしたことは否定できない。三上氏によれば、このような「当たり前すぎる」指摘が日本文法界の根幹をゆるがしたのは、これまでの日本文法が西欧文法の直輸入から脱却できていなかったからだ。全く異なるシンタックス（統語法）の主語を土台に発達した文法を、そのまま日本語に強引にもちこんだことに諸悪の根源があるというのである。三上氏のこの主張は、明治以後の日本のさまざまな分野に対しても共通して適用できるだろう。邦楽を西欧音楽のシンタックスで考える愚、日本建築を西欧建築のシンタックスで律する愚、要するに異なった文化を別の文化の基準ではかる愚は、ありとあらゆる分野で行われてきた。あの「日本語は論理的でない」という世紀の迷信に、大知識人とされている人物の頭さえ侵されるにいたった現象は、こういう悲劇の結末でもあろう。

たいへん大ざっぱに現状をみると、国語学界のこれまでの主流としての体制派は「主語存在説」で、反主流が「主語否定説」のようだ。しかし「主語否定説」は時とともにジリジリ勢力を得つつあり、たとえばたまたま見た高校生用の文法書にも次のような記述がある。

主語・述語・修飾語……というように文節を分類することに関しては、とかくの批判もある。特に主語については、論議が盛んで、主語というとらえ方を捨てるべきだ、との論が有力になりつつある。すなわち、……（中略）確かに、現行の主語というとらえ方には、それを必要とするような文法論上の理由が欠けている。（『解明・国文法』文英堂・二九ページ）

ただ、ここまで言っておきながら、つづけて「しかし、解釈という立場からすれば……それなりの意義があると考えられる」と、論理よりも権威と習慣（それも明治以後の）を優先してしまった。

また大学生用のテキストとして編集された言語学教科書のひとつに、次のような記述がある。

　主題は存在するが主語は存在しない文も、けっしてまれではない。主語は構造上の問題であるから、印欧語における意味の主語は存在せず、主題だけが提示される言語もある。たとえば、中国語における〔ᵥnao-tai ʼtʽəŋ〕〈頭が痛い〉の〔ᵥnao-tai〕〈頭〉は、主題であるが主語ではない。日本語も、多くの文において主語を必要としない。その例は、「明日は曇り、のち晴れでしょう」「熱いコーヒーが飲みたい」など、枚挙にいとまがない。一般に、印欧語における主語は、述語と並んで文構造の二本の柱であるが、その二項対立的関係は他の言語ではかならずしも成立しない点に留意する必要がある。日本語について言えば、文の基本的要素は述語であって、主語は目的語・補語などと同じ資格であり、一種の修飾語と考えることができる。つまり、日本語では、述語が文の中核で、他の要素はすべて、述部という構造に包含される。(樋口時弘ほか『言語学入門』九八ページ)

主語のない言語は、べつに珍しいわけでもない。たとえば——「これは日本語だけじゃないようで、アルタイ語系のことばでは、『何々が何々を持つ』という言い方をしないで、『何々に何々がある』という言い方をするようです。それから『誰々が何々をした』と言うよりも、『どこどこで何々があった』という言い方をする。ですから、これは日本語だけの特色とはいえないと思うんですけどね」(大野晋『日本語対談集・日本語の探究』一一ページ)

そして、日本語のいわゆる「主語」が存在しないことを、最近の言語学の成果をふまえて徹底的に究明し、ほとんど「とどめを刺した」といいうる研究に、湯川恭敏氏の「日本語と『主語』の問題」(同氏『言語学の基本問題』第六章)がある。今なお「主語」というような言葉を愛用している人々は、文法学者であれ学校の先生であれ、湯川氏の論考をすべて反論しつくしてからでなければ愛用できないはずなのだが……。

「主語」問題のおわりに梅棹忠夫氏の談話を紹介しよう。

「日本語文法界の現状は、音韻論と形態論については江戸時代からの伝統を継承しているといえようが、品詞分類と統辞論などの主流はほとんどが植民地的であろう。いわゆる『主語』の問題については、ヨーロッパ語の中では英語がとくに主語に重心があるようだ。ロシア語などはかなり無主語的性格がある。フランス語はラテン系の中ではこの点で最も英語的であろう。たとえばラテン語の末裔としてのイタリア語などは、動詞の語尾の中に主語が含まれる形が一般的だ。反対に、英語よりもさらに強力な主語が存在する例はスワヒリ語であろう。主語の支配の及ぶ形態が、動詞はもちろん、前置詞・形容詞・数詞にまで及ぶ。こうした例でみると、主語の存在する言語にもその統語力の強さに大きな違いがあることがわかる。日本語などの言語は、これとは逆の述語中心的グループであって、その中でも日本語は述語の統語力がたいへん強い。したがって述語以外はすべてその補足部として作用することになり、『主語』というものを独立させる意味もなくなってくるのであろう」

(1) 象は鼻が長い――題目を表す係助詞「ハ」

さて、日本語の助詞「ハ」は、どのような働きをしているのだろうか。三上氏の多数の著作のうち『続・現代語法序説』に出ている説明に私なりの補足をしながら解説してみよう。

あらゆる種類の性格の異なる言語の中で、ここでは主としてアングル語と比べながら検討するが、アングル語などはあくまで無数の言語の中のヒトツにすぎない。これがとくに論理的でもなければ、とくにすぐれているわけでもない。現代までの言語帝国主義的国際状勢のおかげでアングル語が得ている不当に大きい力関係を考えれば、むしろアングル語は他の言語より非論理的で劣っていると言わなければ平衡がとれないくらいだが、このさい感情に走るのはやめておこう。にもかかわらず、なぜアングル語を日本語の比較対象に選ぶか。第一にその最大の理由は、日本語文法が西欧語文法に侵略されて出発したという近代の背景があるからである。さきに述べたように、全く異なる統語法、異質の言語体系のために作られた文法を直輸入して当てはめた。日本の場合アングル語は西欧語の代表格だから、たとえばマレー語やベトナム語と比べて、この問題を検討する上で被告席に立たせるのに適している。第二の理由は、日本語と構文上たいへん違った言語のひとつにアングル語がある点だ。これはたとえば朝鮮語やアイヌ語と比べるよりも利点が多いだろう。第三に、言語帝国主義における植民地国日本では、シンガポールやフィリピンなどほど徹底した植民地化はまだ進んでいないにせよ、アングル語（あるいはアメリカ語）が最も普及した外国語とされているために、多くの人に理解されやすい。

まず、次の例文を見ていただきたい（三上氏のつくった例文）。

The man gave the boy the money.

これを翻訳するとき、これまでの語順の常識では「オトナガ子供ニ銭ヲ与エタ」であった。そして、これが問題なのだが、「オトナガ」を「主語」と規定したのである。だがこれを「子供ニオトナガ銭ヲ与エタ」としても、日本語ではちっともかまわない。あるいは「オトナガ銭ヲ子供ニ与エタ」でもよろしい。つまり――

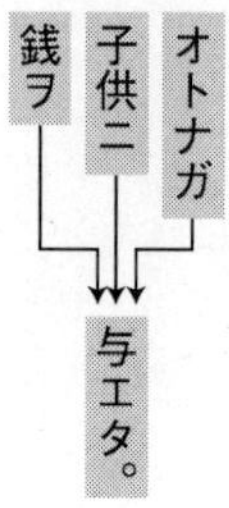
オトナガ
子供ニ
銭ヲ
与エタ。

という関係が日本語なのだ。つまり「オトナ」「子供」「銭」の三者は、「与エタ」という述語に対して平等の関係にある。言いかえれば、この文章は「与エタ」という述語をめぐる三者の関係を示しているのであって、「オトナ」だけとびぬけて重要な「主語」ではありえない。しかしアングル語では――

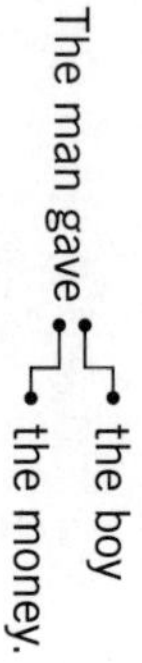
The man gave
the boy
the money.

という関係だから三者は決して平等ではなく、the man が正に主語であり、それは述語のテンス（時制）をも支配して、たとえば三人称単数現在ならsがつく、といった強力な「主述関係」を作る。こういう文法は、なるほど「オトナガ」を強調したいときは便利であろうが、単に「与エタ」をめぐる三者の関係を示すときは、逆に不便であろう。いやでも何でも、どうしても「主語」を出して強調せざるをえない。何かを強調してはならぬ関係のときでも、常に何かひとつを強引にひきたてざるをえない文法というのも、ある意味では非論理的で不自由な話だ。気象や時間の文章でitなどという形式上の主語を置くのも、全く主語の不必要な文章に対して強引に主語をひねり出さねばならぬ不合理な文法の言葉がもたらした苦肉の策にほかならない。中学生のころこの意味を私は全く理解できなかった。「形式上のit」はアングル語があげている悲鳴なのだ。フランス語の主語ilやドイツ語のesも同様である。あえて皮肉をいえば、人類の選択しうるさまざまな言語方式の中から、ああいうシンタックスを選んでしまった民族の帳尻あわせでもあろう。学校の先生はこの問題を生徒にどう教えているのだろうか。ある中学生用国文法書を見ていると、「主語」の項目に次のような説明があった。——

「rainという単語は、それだけで『雨が降る』という意味をもっている。それなのに英語では、わざわざ、その前にitという主語をつけて、It rains.とする。見たところ、主語がなくても意味はわかりそうなものなのだが、それでも主語をつけるのである」（『パターン式中学国文法』鷺書房から）

アングル語の悲鳴に気付いたよい説明なのだが、もう一歩すすんで「日本語では主語は不要（むしろ有害）で主格があるだけ」というところまで論理的にふみこめないので、書いた当人が当惑している様子がにじみ出ている。

そこで三上氏は、日本語に「主語」は存在せず、あるのは「主格」にすぎないと主張する。その主格（オトナガ）は、他の格（対格＝銭ヲ、方向格＝子供ニ）と平等な補足語のひとつにすぎず、文の成分の名前であり、構文論的な概念なのだ。そのような各格を、三上文法は次の表のように「私案」として示している。このほか「Xト」「Xカラ」などはト格、カラ格としている。このような分類法には異論や問題もあるが、主格はこうした諸格のなかの一つにすぎないことを理解するのがこの場合重要なのだ。

形	名前	アングル語
Xノ	連体格	genitive（属格）
X	裸か 時の格	nominative（名格） ——
Xガ	主格	subjective
Xヲ	対格	accusative
Xニ	位置格	locative
Xニ	方向格	dative, ablative, …

そこで出てくるのが、**係助詞「ハ」とは何か**である。三上氏はこれを、**格助詞ガノニヲを兼務するとみて、文の題目を示す**ものと規定する。（「主題」とか「提題」という学者もある。）この「ハ」の問題を追究したのが、有名な『象は鼻が長い』という単行本だが、この兼務と題目の意

味を手早く理解するには、やはり『続・現代語法序説』の次の表がいいだろう。「甲ガ乙ニ丙ヲ紹介シタ」という例文から、題目をハによって次々ととりだしてみる。

提示	甲ガ	乙ニ	丙ヲ	紹介シタコト
甲ハ		乙ニ	丙ヲ	紹介シタ。
乙ニハ	甲ガ		丙ヲ	紹介シタ。
丙ハ	甲ガ	乙ニ		紹介シタ。

つまり、甲・乙・丙を題目として提示すると、ガもヲもハが兼務してしまう。ニについては、位置格なら兼務できる（例「会場（ニ）ハ、××会館がヨカロウ」）が、右の「乙ニ」のような方向格だと兼務できず、題目は「乙ニハ」となって格助詞ニが残り、ハは本務としての題目だけの役割を果たす。兼務できる場合は、それぞれの格と題目とを、ハひとつが示している。連体格「ノ」を兼務する例が、かの「象ハ鼻ガ長イ」だ。これは「象ノ鼻ガ長イコト」という無題文から「象」を題目としてとりだしたため、ハはノを兼務しているとする。

たいへんかんたんながら、三上氏の「ハ」に対する考え方と、したがって主語有害説、諸格の関係などを紹介した。もちろんもっと細かな問題もあるが、ここではこれ以上ふれる余裕がないので、関心のある方は三上氏の著作を参照されたい。

では、こうした考え方と「わかりやすさ」との関係は何なのか。たとえば翻訳の直訳調がわかりにくい理由を考えてみよう。「甲ガ乙ニ丙ヲ紹介シタ」という文章は、原語がアングル語である場合、「甲ガ紹介シタ、乙ニ丙ヲ」という語順になっている。これだけが、アングル語の唯一の語順だ。そこで未熟な翻訳者は、単に述語をあとに移すだけの操作をして「甲ガ乙ニ丙ヲ紹介シタ」と訳す。もちろん文法的にこれが間違っているのではない。だが、あの第三章「修飾の順序」を思いだしてみよう。

Aが
私の親友のCに
私がふるえるほど大嫌いなBを
→ 紹介した。

これをアングル語のシンタックスのとおりに並べてゆくと次のようになる。

Aが私の親友のCに私がふるえるほど大嫌いなBを紹介した。

これがすなわち「翻訳調」なのだ。アングル語のシンタックスを日本語にそっくり移している。いったいどうして、格の順序が別の原則からなっている日本語に、アングル語の「主語」感覚の語順をそのまま移さねばならぬのか。翻訳とは、二つの原語の間の深層構造の相互関係でな

ければならない。第二章で「翻訳とは、シンタックスを変えることなのだ」と言ったのは、このような意味である。表層構造をそのまま日本語の表層構造に変えてみたところで、いわゆる文法的には（表層構造上は）正しくても、本当の日本語に訳したことにはならない。自己批判の意味も含めて、私の翻訳書から悪い例文を拾ってみよう。

男たちは突然現われた裸の少年を見て、たいへん驚いた。男たちは少年から、足が四本あって巨大な歯のある奇妙な母親についてきかされた。（本多勝一訳『エスキモーの民話』すずさわ書店・一五六ページ）

弁解になるが、この本はまず原文を見ながら私が口述で訳し、テープに入れたものを第三者が原稿に起こしたものである。もちろんそれをさらに私が見て手を加えたが、やはり拙速の感はまぬかれない。多忙で時間的に無理があったとはいえ、こういう方法をとるべきではなかった。もし最初からペンをとっていたら、こんなひどい文章にはならなかっただろう。

右の例は二つの文だが、最初の文だけについてみると、まず最もかんたんな深層構造を表面に出して無題化（題目なしの形）すれば、これは次のような意味である。

突然現われた裸の少年を男たちが見てたいへん男たちが驚いたこと。

原文の大黒柱としての「驚いた」という述語は、次の三つの言葉を受けている。

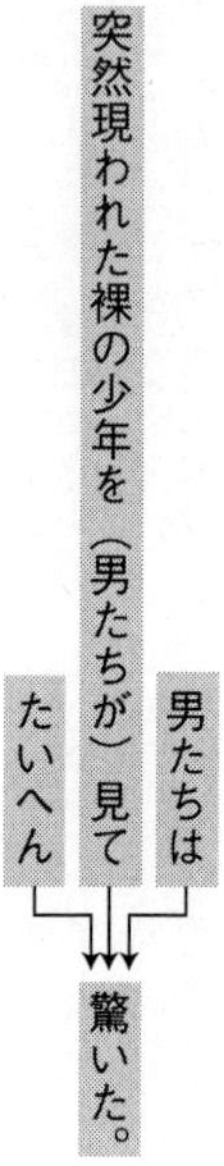
突然現われた裸の少年を
男たちは
(男たちが)見て
たいへん
驚いた。

さきの「ハの兼務」の考え方からすれば、この場合は二つの主格「ガ」を兼務している。つまり「(男たちが)見て」のガと「男たちが驚いた」のガだ。

以上の分析をへた上で、語順をどうすればよりわかりやすくなるかを検討してみよう。日本語の格はすべて平等で、修飾の順序は第三章のような原則によるのだから、あの「長い順」にしたがって「ハ」なしの無題文を作ると――

突然現われた裸の少年を男たちが見て男たちがたいへん驚いた。

となる。そこで「ハ」を使って二つの同じ主格を一つに吸収・兼務させるとき、どちらを消すべきか。二例ともあげてみると――

Ⓐ突然現われた裸の少年を男たちは見てたいへん驚いた。
Ⓑ突然現われた裸の少年を見て男たちはたいへん驚いた。

表層構造としての文法的にはもちろんどちらも誤りではない。しかし読者にもすでに明らかなように、Ⓑの方がすぐれた文章である。なぜか。それは、この文章の述語が「驚いた」であって、「見て」ではないからである。大黒柱としての「驚いた」には、題目としての「男たちは」がかかる。「見て」にかかるのは、題目ではなくて主格だけ（「男たちが」だけ）なのだ。（このあたりを三上氏は「題述関係」と呼ぶ。もちろん「主述関係」とは次元が違う。）そうであれば、まず第二章の原則（修飾する側とされる側の距離）によって、題目と述語とは近い方がよい。また第三章の原則（長い順）でも「男たちは」はあとがいい。したがってⒶよりⒷの方がよくなる。もし「男たちは」を強調したければ、次のように最初にもってきて逆順とし、テンをうつことになる。

Ⓒ男たちは、突然現われた裸の少年を見てたいへん驚いた。

以上三例のうち最良としてのⒷの場合、「男たちは」のハは、その前の「見て」に深層でかかっている主格「男たちが」をも兼務していることになる。すなわち「ハ」は決して語順上あとにくる格を兼務するだけでなく、前のものも兼務できるのである。これに似た用法をアングル語でいえば分詞構文であろう。たとえば Seeing a lion come out, he ran off.（ライオンの出てくるのを見て、彼は走り去った＝長野県飯田中学『Essentials in English Study』〈英文集・一九四一年〉から）

題目語があとに来る語順の文章はいくらでも例がある。いくつかあげてみよう。

> 「冷戦と反共」のレトリックは放棄され、対中接近と対ソ・デタントによって現状の維持がはかられた。「世界帝国」と区別不可能なほど同一化していた「アメリカ合州国」をひとつの国家としてもう一度分離しようという方向を**それは**はらんでいる。（武藤一羊「アメリカに何が起きているか」『潮』一九七六年四月号・一二八ページ）

> 基地のたたずまいを眼にすると、こういったもろもろが、重なり合ってよみがえってくるから、立川や座間の近くを通りかかる時、**ぼくは**強いて顔をそむけた。（野坂昭如『敵陣深く』一三四ページ）

> 他の六人——夫・長男の嫁・次男の嫁・三人の孫——が殺されながら、**二人は**こうして奇跡的に難をのがれた。恐怖にふるえながら、**ドアンさんは**そのまま死体にうまってじっとしていた。米兵たちが去り、夕方の涼気が虐殺舞台にしのびよるころまで、**二人は**動かなかった。（拙著『再訪・戦場の村』朝日新聞社・二一八ページ）

以上いずれも、太字で示した題目はその文の冒頭に置いてもよいはずだが、ずっと後に置かれている。三番目の実例は三つの文から成るが、最初の「二人は」はもっとあとに移して「難をのがれた」と直結してもいいし、次の「ドアンさんは」もあとに移して「じっとしていた」と直結してもよい。その方がよりよいかもしれない。

この原理は、長い文をわかりやすくする上でたいへん利用価値がある。文は長ければわかりにくく、短ければわかりやすいという迷信がよくあるが、わかりやすさと長短とは本質的には関係がない。問題は書き手が日本語に通じているかどうかであって、長い文はその実力の差が現れやすいために、自信のない人は短い方が無難だというだけのことであろう。

二二一ページ最初の例文の後半は、やはり「男たちは」が題目だが、この「ハ」が兼務する格は「きかされた」にかかる主格「男たちが」だけである。単に題述関係を近づけるだけでは、これは良い日本語にならない。原文が受け身になっていたのを、そのまま「きかされた」と訳したことによる悪文といえよう。これはたとえば「かれらが少年からききだしたのは、足が四本もあって巨大な歯のある奇妙な母親の話だった」とか「四本の足と巨大な歯を持つ奇妙な母親の話を男たちは少年からきいた」「少年はかれらに、四本の……母親について語った」「四本の……母親について少年は男たちに話した」とでもすれば改良される。

「ハ」という係助詞の日本語における役割を考えるための比喩として、よく使われる一次的語と二次的語の異言語間の比較が参考になるかもしれない。たとえば魚について深い関係を持つ日本人は、ブリという一種類の魚について、その成長段階に応じてシオワカナ・ツバス・ワカナ・ハマチ・メジロ・モンダイ・ブリ（明石地方の場合）という一次名詞で呼びわける。だが他の多くの言語にとっては、ブリ以外のすべて（シオワカナからモンダイまで）は「ブリの子」とか「ブリの稚魚」「若ブリ」といった二次名詞でしか表現できない。反対に、日本語では雪のさまざまな現れ方を「コナ雪」「ボタン雪」といった二次名詞で表すが、イニュイ語だと雪を実にさまざまな一次名詞で表すことができ、「降っている雪」「地面に積もっている雪」といった状態までも一次名詞で細分されている。アイヌ語には「干してあるシシャモに降りつもる雪」の一次名詞さえある。かつて私が訪ねたアラビア半島の遊牧民ダワシルは、ラクダについておそらく一〇〇以上の一次名詞をつけていて、成長段階別だけでも十数種に達した。

一次名詞・二次名詞という分け方も、厳密に境界があるわけではないだろう。たとえばヒゲは二次名詞くさいが、常識的には一次名詞と思われる。また「サケのタマゴ」をイクラといえば一次名詞、「ニシンのタマゴ」をカズノコ（数の子）といえば二次名詞になろうが、カズノコという単語にはニシンの痕跡が全くない点で、機能としては一次名詞とみてもよい。ボラの子のスバシリ、ブリの子のシオワカナやモンダイも同様だ。ここであげたアイヌ語の例もこの意味である。すなわち萱野茂氏によると、「雪」のアイヌ語はウパシだが、語源的には、これはウ（たがいに）パシ（走る）ということで、ゆっくり空中を舞いながら、たがいに競争するように交差して走って降る様子を実にうまくあらわしている。そして「すくいあげたシシャモに降りつもる雪」はトイカラリプといい、トイ（土）カ（上）ラリ（押さえる）プ（もの）というこの言葉の中には「シシャモ」も「雪」も含まれない。これは川からすくって岸辺の土の上に積みあげたシシャモの上に降る雪のことを指し、毎年必ずきまったとき川をさかのぼるシシャモの季節、すなわち一一月はじめの雪を意味する。このころには、それまでチラついていた雪が、そろそろ地表を白くおおうほど積もりはじめるようになる。さらに、このシシャモをメザシにして棚状に干してあるところへ降る雪を「サン（棚）カラリプ」という。また、トイカラリプのとき雪とともに鳴る秋雷をカムイトラプという。この点イニュイ（エスキモー）語になると、機能はもちろん形態の上でも雪にまつわる多くの一次的語があるようだ。aniuk（水にとかすための雪）、massak（水気のまじった雪）、ayak（着物や靴についた雪）等々（Arthur Thibert, *English-Eskimo Eskimo-English Dictionary*, 1958, Ottawa）。

右のような事実は、たとえば「日本語はサカナについて厳密な分け方をしているが、ラクダや雪についてては粗っぽい表現しかできない」とか「イニュイ語は雪について驚異的な厳密さを表すが、魚についてては単純な表現しかできない。ラクダにいたっては言葉もない」といったかたちで認識することもできるだろう。しかしこれは正確な説明とはいえない。たとえば「ハマチ」という日本語をアラビア語なりイニュイ語なりで表現するとき、単にそれは「一次名詞による表現ができない」にすぎず、「ブリの孵化《ふか》後何年目の云々」とすれば正確に表現できる。もし「ブリ」というアラビア語がなければ、それさえも図鑑のように延々と説明すればいい。ということは、「ハマチ」をめぐる日本語とアラビア語の関係は、深層構造と表層構造の関係に当たるともいえよう。同様にたとえばアラビア語の一次名詞「バカラ」は、その深層を表層化すれば「生後四年までのメスのラクダ」ということだ。同じ言語の内部でも「辞書」（アングル語なら「英英辞典』）がその関係の集成であろう。
さて、名詞についてのこのような異言語間の関係は、動詞でも形容詞でも、そして文章表現全体——結局はシンタックスにおいても同様である。三上章氏が示した次の例は、日本語とアングル語との、ブリとハマチ的関係を「ハ」と「ガ」について示している。

Henry has arrived.

これはアングル語の yellowtail（ブリ）みたいなものだ。yellowtail をもし厳密に日本語訳すれば、それはシオワカナ以下ブリまでの七つの表現になってしまう。同様に Henry has arrived. は日本語だと次のような区別が表層化してくる。

① 問「ヘンリはどうした？」
ヘンリは到着しました。 顕題

② 問「だれが到着した(んだ)？」
ヘンリが到着したんです。 陰題

③ 問「何かニュースはないか？」
ヘンリが到着しました。 無題

陰題の②は語順を逆にして「到着したのはヘンリです」とすると顕題化するが、無題の③はこれができない。アングル語と同じことがフランス語でもいえるとして、川本茂雄氏が右の三例を次のように訳している。

① Qu'est-ce que devient Henri ?
Henri est arrivé. (Henri, il est arrivé. もしくは Il est arrivé, Henri.)
② Qui est arrivé ?
Henri est arrivé. (C'est Henri qui est arrivé.)
③ Y a-t-il quelque chose de nouveau ?
Henri est arrivé.

つまり日本語では三通りの表現が、フランス語だと全部 Henri est arrivé. だけになってしまう。「主述関係」としてのアングル語やフランス語を、もしそのままのシンタックスで日本語に強引に訳すと、たとえばハマチをワカナと誤訳するような結果に陥るだろう。反対のことがフランス語の動詞変化についていえる。たとえば Henri est arrivé. と Henri arriva. の二つの時制は、日本語にすると形の上ではひとつの過去形になってしまう。

日本語で「ハ」にすべきか「ガ」にすべきかといった問題は、このように言葉の死命を制する。だから第一級の文章家たちは、ハとガの使い方が必ずうまく、論理的で、その結果リズムに乗っている。*

以上で係助詞「ハ」の題目としての役割と、それに関連する格助詞「ガ」についての「わかりやすさ」のための検討を終わる。しかし「ハ」と「ガ」に関する文法的考察となると、たとえばここにあげた三上氏の考え方を全面的に支持する人から、反対に全力を傾注して黙殺を試みる人まで実にさまざまである。素人の私がこの問題に深入りしたくはないが、そのようにまだ評価のわかれている三上説をここで重点的にとりあげたのは、これまで述べてきたような意味での「わかりやすくて論理的な日本語」を考える上で、この文法論はたいへん参考になり、実践的だったからである。私たちジャーナリストのような、文章のいわば「現場」にいる者にとって、自分の毎日書きとばしている日本語の文章がどのような性格のものであるかを知るには、ある仮説が出た場合にそれを徹底的に使ってみることが第一だ。三上氏の「主語廃止論」は、私の考えてきた「わかりやすさと論理性」を実践する上でおおいに役立った。

(2) 蛙は腹にはヘソがない――対照(限定)の係助詞「ハ」

同じ係助詞「ハ」のもうひとつの用法に、対照または限定の役割がある。しかし題目にせよ対照にせよ、あるものを「とりだす」点で共通だから、ひとつの「ハ」が双方の役割を兼務することも珍しくない。どちらとも解釈できる場合もある。

蛙《かえる》は鳴く。

この「ハ」は「蛙というものは鳴くものである」という蛙についての陳述をあらわす題目ともとれるし、たとえば「蛙は鳴くが、ミミズは鳴かない」という意味でミミズと比較しての対照ともとれよう。このような対照（限定）の「ハ」は、論理を明快にすすめる上での題目の「ハ」に劣らず重要だから、ややくどく分析してみることにする。第一章で紹介した大橋保夫氏（フランス文学）は、同じ文章の中で次のような興味あるエピソードを書いている。

「蛙の腹にはヘソがない」という文を仏訳してもらうとします。《La grenouille n'a pas de nombril au ventre.》というのが、まず大多数の学生諸君の答えです。ところがこれはまちがいで、このフランス語だと、蛙は腹にはヘソがないけれど、背中か頭のテッペンか、どこか別のところにはあるようにきこえるのです。

正解は《La grenouille n'a pas de nombril.》です。つまり日本人にとっては、「腹には」があれば、問題のヘソのあり場所である蛙の腹のイメージが具体的に頭に思い浮かんでハッキリこそすれ、「背中か頭にはあるのか？」というような疑問は、ふつうはおこりません。ところがフランス人は、au ventre というかぎり、au dos, à la tête など、潜在的にそれと並び、選択の対象になりうる他の項目と対比して、文中で au ventre という要素が果たす役割を考

えるのです。（『ふらんす』一九七四年五月号）

この話が私にとっておもしろく思われるのは、フランス語と日本語との「違い」の点からではなく、むしろ両者の共通性からである。なぜか。ここで「大多数の学生諸君」がフランス語訳するという文章 La grenouille n'a pas de nombril au ventre. を、逆に日本語に訳してみよう。もし論理的に正確を期するならば、それは「蛙の腹にはヘソがない」ではなく、「蛙は腹にはヘソがない」となるはずだ。そうであれば、「蛙の腹……」として「大多数の学生諸君」が訳したフランス語は、当然まちがっていることになる。つまり「大多数の学生諸君」は、フランス語以前にまず日本語の理解ができていなかったのではなかろうか。助詞の使い方によっていったい何がどう違うのかを検討してみよう。

Ⓐ蛙の腹にはヘソがない。
Ⓑ蛙は腹にはヘソがない。

まずⒶを考えてみると、ここには「ハ」が一個しかなく、これを題目（主題）として考えれば「蛙の腹というものにはヘソが存在しないのである」となり、「蛙の腹」についての陳述をしていることになる。しかしヘソというものは常に腹にだけあることが予備知識でわかっているのだから、これはフランス語に限らず日本語としても「腹」が余分であり、無用の情報であろう。つまりは「蛙にはヘソがない」とすべきなのだ。ただこれは、腹にはヘソがあるものという常識を破るおもしろい典型として蛙が選ばれ、そのためにわざと「腹」が加えられた慣用句であるところに問題がある。ミミズもトカゲもヘソはないが、ミミズの腹ではまるで腹らしさがない。「ミミズの腹にはヘソがない」では面白味がないし、だいいちミミズには腹そのものがないから「ミミズにはヘソがない」としか言えないではないか。しかし蛙だと腹がある上に四肢の格好が人間的(?)なので、ヘソのないことがミミズなどよりも生々しくておかしい。そのようなおかしみを出した特殊なきまり文句である。そうであれば、これはフランス語と日本語の性格を比較する上では良い文例とはいえないことになろう。しかし日本語の助詞の性格を考える上では好例かもしれない。

たとえば同じⒶにしても、この「ハ」が題目ではなくて対照をあらわすと考えることも可能である。その場合だと「蛙の腹にはヘソがない。カッパの腹にもヘソがない。タヌキの腹にはヘソがある。パンダの腹にもヘソがある」というように、潜在的に他の動物の腹と比較していることになる。ただそのような場合は、孤立した文としてはやや不自然な解釈になろう。あくまで文法上での話だ。

それではⒷだとどうなるか。こんどは二個の「ハ」があって、この場合だとはじめの「ハ」は題目、あとの「ハ」は明晰《めいせき》に対照をあらわしている。すなわち「蛙というものは、腹にはヘソがないけれども、他のどこかにはある」という意味だ。これだとフランス語訳のとき、au ventre

を使った場合と全く同じではないか。だからこそ前述のようにこの場合のフランス語と日本語は論理的に共通なのである。

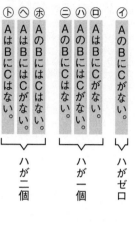

　では、同じ例文で「ハ」の位置をいろいろに変えてみたらどうなるだろうか。しかしこうした例文だと、蛙はヘソがないという常識（予備知識）に邪魔されて助詞の論理を純粋に考えるには不適当である。慣用句でなくても、たとえば「パンダの足にはミズカキがない」の場合、ミズカキというものは足や手にあるものという予備知識が邪魔になる。そこで単に記号として比較してみると——

㋑ AのBにCがない。 ―― ハがゼロ

㋺ AはBにCがない。
㋩ AのBにはCがない。
㋥ AのBにCはない。
―― ハが一個

㋭ AのBにはCはない。
㋬ AはBにはCがない。
㋣ AはBにCはない。
―― ハが二個

右の各文の意味を以下に考えてみよう。ハという係助詞に二つの意味があることを機械的に適用すると、形としては次のような組み合わせが考えられる。（P・Q・Rはそれぞれ A・B・Cの対照として潜在するものとし、対照関係を太字で示す。）

ハがゼロの場合

㋑　状況を単に報告している無題・無対照文。

ハが一個の場合

㋺
- a　**〔題目〕**　Aというものには B に C がないものだ。
- b　**〔対照〕**　**Aは**BにCがないが**Pは**（BにCが）ある。

㋩
- a　**〔題目〕**　AのBというものにはCがないものだ。
- b　**〔ABとも対照〕**　**AのBには**Cがないが**PのBには**（Cが）ある。
- ⓒ　**〔Bだけ対照〕**　Aの**Bには**Cがないが（Aの）**Qには**（Cが）ある。

㊁
- a　**〔題目〕**　AのBにCというものはないものだ。
- b　**〔対照〕**　AのBに**Cは**ないが**Rは**ある。

ハが二個の場合

㋭
- a　**〔Bが題目、Cが対照〕**　AのBには**Cは**ないが**Rは**ある。
- ⓑ　**〔Cが題目、Bが対照〕**　Aの**Bには**Cはないが、（Aの）**Qには**Cはある。
- ⓒ　**〔ABとも対照、Cが題目〕**　「**AのB**」にはCはないが「**PのB**」にはCはある。

ⓗ┌ⓐ　**〔Aが題目、Bが対照〕**　Aは**Bには**Cがないが**Qには**（Cが）ある。
　└ⓑ　**〔Aが対照、Bが題目〕**　**Aは**Bには、Cがないが**Pは**（Cが）ある。
ⓣ┌ⓐ　**〔Aが題目、Cが対照〕**　AはBに**Cは**ないが**Rは**ある。
　└ⓑ　**〔Aが対照、Cが題目〕**　**Aは**BにCは、ないが**Pは**（Cが）ある。

さて、ハが二個の場合だと、前後の文脈なしにはどちらが題目でどちらが対照かわからないという問題が起きる。この点について三上章氏は「先にある方が題目、あとが対照」として次の例で説明した。「ドウダ、一ショニ行カナイカ?」と誘われたときの二通りの拒絶として――

Ⓐ今日ハ僕ハ行ケナイ。
Ⓑ僕ハ今日ハ行ケナイ。

を比較すると、Ⓐは「今日ハ諸君ダケデ行ッテクレ」(「僕ハ」を否定)の意、Ⓑは「僕ノ都合ノツク他日一緒ニ行キタイ」(「今日ハ」を否定)の意を汲むことができる。(『三上章論文集』五〇ページ)

これはしかし「傾向」であって「原則」とまではいえないようだ。* たとえば「自民党とは我が党は相容れない」というとき、「自民党とは」の方を対照とみることも可能であろう。しかし題目ともとれるから、これには次の二つの解釈ができる。

Ⓐ自民党とは我が党は相容れないが、民社党なら（自民党と）相容れる。
「自民党とは」が題目

Ⓑ我が党は自民党とは相容れないが、社会党となら（我が党も）相容れ得る。
「我が党」が題目

したがって文だけでは区別できず、前後の文脈で考えなければわからない。しかし会話として語られるのであれば、対照の方を高いイントネーション（あるいはプロミネンス＝強調）にして発音することで区別できる。実際それは会話の中では一般に行われていることである。だが文章となると注意しなければ誤解を招くことになりかねない。原則ではないが、より誤解を招かぬためには、やはり題目を先にし、対照をあとにする方が「より良い」傾向がある。この理由で、さきの(ホ)(ヘ)(ト)の意味（a・b・c）のうちマルかこみ字のもの（ⓑとⓒ）はできれば避ける方が「より良い」ことになろう。そこでさきの(ヘ)ⓑを「より良く」改良すれば――

(ヘ)ⓑ　**A**は**B**に**は**Cがないが**P**は（Cが）ある。
訂正の一　Bには**A**は**C**がないが**P**は（Cが）ある。
訂正の二　**A**はBにCがないが**P**は（BにCが）ある。

これをもとの(ヘ)に反映させると――

(チ)BにはAはCがない。

という一文が、普通の文として最もよいことになる。そうであれば(ホ)(ヘ)(ト)というハが二個の文の意味は、普通の文としてはそれぞれ(ホ)a・(ヘ)a・(ト)aの各ひとつずつが相当することになる。

したがって(ホ)(ヘ)(ト)の各文は論理的にもより正確な表現方法だといえよう。

以上の検討結果を「蛙の腹……」に適用してみる。

- (い) 蛙の腹にヘソがない。 ―― ハがゼロ
- (ろ) 蛙は腹にヘソがない。
- (は) 蛙の腹にはヘソがない。
- (に) 蛙の腹にヘソはない。 ―― （ろ）〜（に）ハが一個
- (ほ) 蛙の腹にはヘソはない。
- (へ) 蛙は腹にはヘソがない。
- (と) 蛙は腹にヘソはない。 ―― （ほ）〜（と）ハが二個
- (ち) 腹には蛙はヘソがない。 ―― 「腹」が題目

右のそれぞれの意味――

ハがゼロの場合

㋑　無題・無対照の報告。

ハが一個

㋺
a 蛙というものは腹にヘソがないものだ。
b **蛙は**腹にヘソがないが**タヌキは**（腹にヘソが）ある。

㋩
a 蛙の腹というものにはヘソがないものだ。
b **蛙の腹には**ヘソがないが**タヌキの腹には**（ヘソが）ある。
ⓒ 蛙の**腹には**ヘソがないが（蛙の）**背中には**（ヘソが）ある。

ハが二個

㋥
a 蛙の腹にヘソというものはないものだ。
b 蛙の腹に**ヘソは**ないが**イボは**ある。

㋭　蛙の腹には**ヘソは**ないが**イボは**ある。

㋬　蛙は**腹には**ヘソがないが**背中には**（ヘソが）ある。

㋣　蛙は腹に**ヘソは**ないが**イボは**ある。

「腹」が題目の場合

㋠　腹には**蛙は**ヘソがないが**タヌキは**ヘソがある。

以上の各例文を比較してみると、ハを二個使うことによって成立したⓗⓗ̄ⓣ

以上の各例文を比較してみると、ハを二個使うことによって成立した㋭㋬㋣の三例と、ハを一個使うときの㋺㋩㋥と意味の同じものがある。とくに問題なのは、三つもの解釈が可能な㋩であろう。㋩の中でも対照のとり方によって違うbとⓒが焦点である。これは論理としてはどちらも矛盾していない。ところが、これもハが二つの場合同様、両者は語られるときにイントネーション（調子）の差として違いが出てくる。すなわちゴチックで示されたところを高く発音することによって、何を対照としているのかが明示される。もしⓒ（腹には）の意味であれば、㋩と㋩は次のように発音されなければならない。

㋩**A**の**B**に**は**Cがない。
㋩蛙の**腹**に**は**ヘソがない。

しかもこの場合だと、ハは題目の役割が消えて対照だけになるから、解釈aはできなくなる。そうであれば「蛙の腹にはヘソがない」（最初の例文としてのⒶまたは㋩）という文を普通に発音するものとして考える限り、ⓒの解釈は不適当であろう。ここでcをⓒとマルかこみ字にした所以《ゆえん》である。

かくて冒頭のⒶとⒷを比較するための検討は終わった。すなわち、Ⓐの正確な意味としては㋩のaとbしかなく、Ⓑの正確な意味としては㋬しかない。そしてⒶで意図したのがb（タヌキの腹には……）ではない以上、Ⓐの意味は㋩a（題目のハ）以外には考えられない。したがって冒頭の引用で、「大多数の学生諸君」が作文したフランス語の日本語訳としては、Ⓑすなわち「蛙は腹にはヘソがない」が最も正確である。（げんに大橋氏自身が引用文〈二三一ページ七行目〉の中でそのように正解を書いている。）

以上の検討によって、対照（限定）の「ハ」が論理を正確に（わかりやすく）する上でたいへん重要な役割を果たすことが理解されよう。とくに否定の動詞の意味をハッキリ限定させる上できわめて重要である。たとえば――

(Ⅰ)彼は飯《めし》をいつも速く食べない（**ハ**なし）。
(Ⅱ)彼は飯をいつも**ハ**速く食べない。
(Ⅲ)彼は飯をいつも速く**ハ**食べない。
(Ⅲ)′彼は飯をいつも速く**ハ**食べない。

(Ⅰ)は「例外なく常に遅い」ということで無対照。(Ⅱ)のハによって「ふつうは遅いが、例外がある」ことを示す。(Ⅲ)だと「ふつうは速いが、常に速いというわけではない」ことになる。しかし同じ書き表し方でも(Ⅲ)′のようにハが「速く」だけに付くのであれば「ふつうか遅いか」ということで「少なくとも速くはない」の意味になる。(Ⅰ)と似ているようだが、(Ⅰ)には「ふつう」よりも「遅い」方（速い反対）が意識され、(Ⅲ)′だと「速い以外」のすべて（ふつう・やや遅い・遅い・うんと遅い）と対照される。こういうときは、書き表された表層構造では(Ⅲ)と(Ⅲ)′とで区別がないが、発音上では傍線の部分にプロミネンス（強調）を置くことの違いとして区別できる。だが⑪′を言おうとして⑪ととられることもあるから、そんなときは文章を書きかえる方がよい。たとえば⑪′は――

⑪″彼はいつも飯を速くハ食べない。

として、ハが「速く」だけに付くことを明確にし、「いつも」を前にもってきて切り離せば解決する。

しかし一般的によく失敗するのは、①を書いて当人は⑩か⑪のつもりでいる場合だ。こんなかんたんな例なら見わけやすいが、少し複雑になるとついこの関係を見落とす。そのいい例が第二章第2節の最後であげた次の例文であろう。

運輸省の話では、シンガポール海峡は、東京湾、瀬戸内のように巨大船の航路が決められ、対向船が違うルートを運行するよう航路が分離されていない。

これはいったい、東京湾と瀬戸内海は航路が分離されているのか、いないのか、どちらだろうか――と考えたとき、事実が「分離されている」ことを知れば、第二章のように修飾・被修飾の関係をくっつけて入れ子をはずすのも一方法である。しかし、たった一字でこの文章を論理的にすることも可能なのだ。それがハを加える方法である。

運輸省の話では、シンガポール海峡は、東京湾、瀬戸内のようには巨大船の航路が決められ、対向船が違うルートを運行するよう航路が分離されていない。

こうすれば「東京湾、瀬戸内のようには」が「分離されていない」という否定の動詞とセットになっていることが判然とする。ということは、この文は「ハ抜け」の欠陥品だということ、明らかに非文法的な文、間違った日本語であることを意味する。第二章で「修飾する側とされる側の離れすぎのほかに、もっと重要な助詞の問題もからんでいる」（五六ページ）といったのは、このことを指す。「わかりにくい」という程度のものではない。私自身もついやってしまった例を見つけたので、恥さらしをしてみよう。

（メコン＝デルタでは）日本のようにガラスやブリキの破片がころがっていることはないので、（ハダシでも）思ったよりケガの危険は少ないものです。（「南ベトナムを取材して」『朝日人』一九六八年一月号）

これだと、日本はガラスやブリキの破片がころがっているのか、いないのか、わからない。私たちは常識的に考えて、日本は「ころがっている」と判断するが、たとえばエチオピアだったらどうなのか迷ってしまうだろう。「日本のようには」としてハを加えればこの誤解は避けられる。これは最初に発表したときの文なので、単行本（のち文庫版）収録にあたってはさらに改良して次のようにしたが。

　ガラスやブリキの破片がころがっているようなことは日本と違ってほとんどないので、思ったよりケガの危険は少ないものです。（拙者『職業としてのジャーナリスト』朝日文庫＝本多勝一集第18巻『ジャーナリスト』収録）

　この限定のハと否定の動詞との必須のセットは、常識としての内容が論理をつい食ってしまって忘れやすい。とくにさきにあげた「いつも速く八食べない」「いつも八速く食べない」のような、量的に全部か一部かを示すときの「ハと否定」は、ちょっとした誤りが重大な意味の違いをもたらすから、くれぐれも注意したい。

　ところで、「ハ」が三つ以上になればどうなるだろう。もし「一つの文には、ただ一個の主題しか現われ得ない」（久野暲氏*）とすれば、あとはすべて対照になるから、たとえば久野氏があげている次の文（『日本文法研究』三一ページ）――

　私は週末には本は読みません。

　これなどは「私は」以外の二つのハが対照だが、何が対照なのかこのままではわかりにくい。これでもすわりがいいのは、「週末には」の比較対照の相手として「ウイーク＝デイ」が容易に想像されるからだろう。しかし孤立した文であれば、論理としては「週末には」か「本は」かどちらかのハを消すべきであろう。そうでなければ、潜在する対照語に何があるのかハッキリしなくなり、それだけわかりにくくなる。つまり――

私は週末には本を読みません。
私は週末に**本は**読みません。

のどちらかにする方が孤立した文としてはより正確であり、従ってわかりやすい。もし「週末」も「本」もセットとして否定したいのであれば――

私は週末の読書はいたしません。

と、ハを共通因子として一つにまとめる方が「良い（正確な）日本語」である。ハを四つにしてみよう――

私は三年前までは週末には本は読まなかった。

さらにハを五つにすることもできる。きりがない。――

私はフランスでは三年前までは週末には本は読まなかった。

この文に潜在する対照語をすべて浮上させると、たとえば左のページのようになる（ゴチックは原文）。

このように、対照のハは言葉の上ではいくらでも重ねることができようが、それだけ潜在する情報が幾何級数的にふえてゆくので、論理の上での不明度も急カーブで増大する。したがって正確な日本語のためには、**ひとつの文（または節）の中では三つ以上のハをなるべく使わない（二つまでとする）**のが、原則とはいえないにせよ「より良い」といえるだろう。もし対照の相手がはっきり出ているのであれば、むろんその限りではなく、いくらハを重ねてもよいが。

係助詞「ハ」については、以上の二つの用法（題目と対照）のほか、厳密にはさらに「動作・作用の行なわれる事態の提示」（例——そんなことがあっては大変）とか「否定の意味の語を伴なっての否定的主張」（例——決して毒ではない）「譲歩」（例——明るいニュースではあるが、しかし）「接続の強調」（例——ないしは）など（永野賢『現代語の助詞・助動詞』）もあるが、広い意味ではこれらも対照の変異の幅に含めてもよく、作文技術として特にとりあげるべき問題は少ないと思われる。

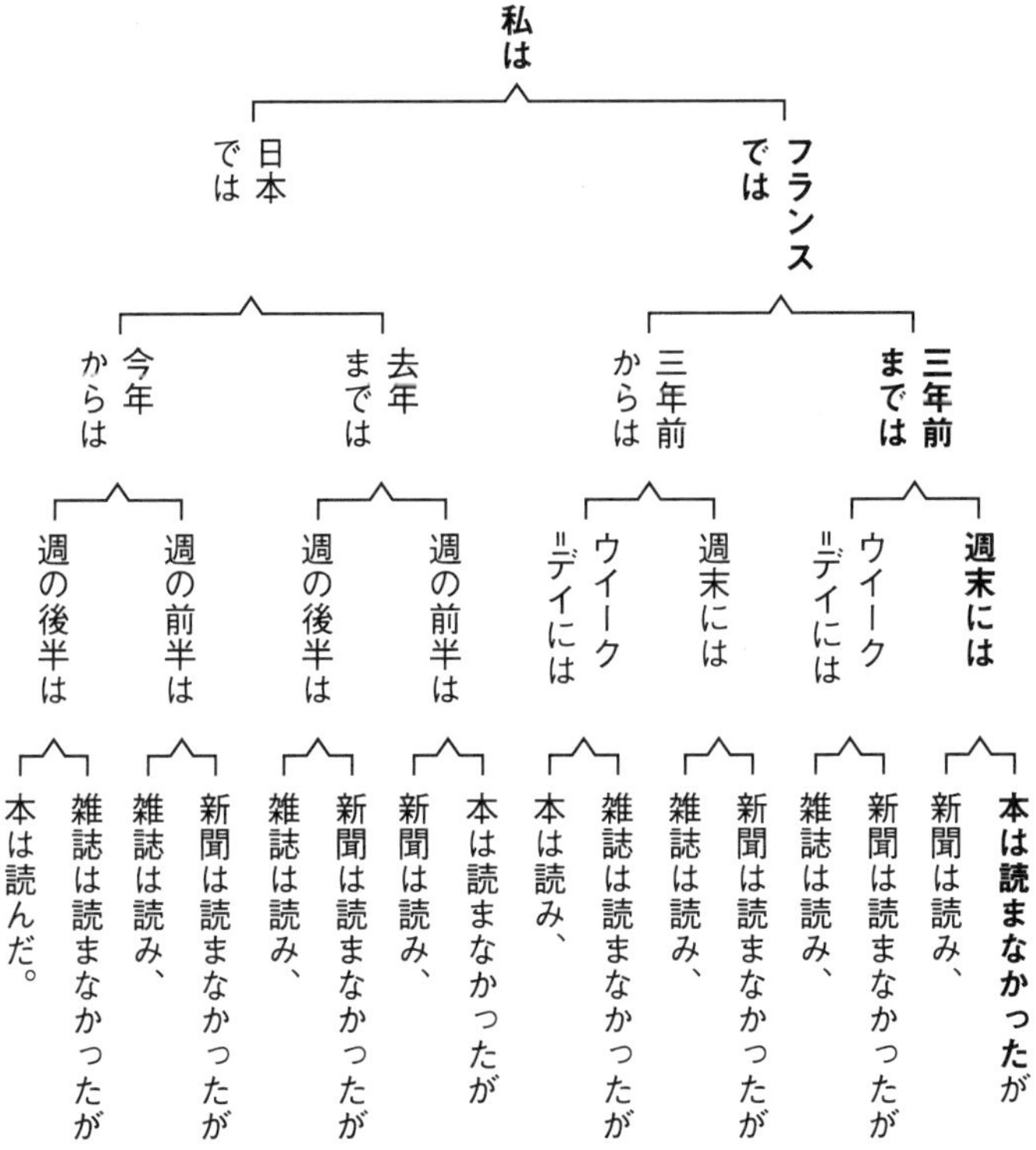
私は
フランスでは
日本では
三年前までは
三年前からは
去年までは
今年からは
週末には
ウイーク＝デイには
週末には
ウイーク＝デイには
週の前半は
週の後半は
週の前半は
週の後半は
本は読まなかったが
新聞は読み、
新聞は読まなかったが
雑誌は読み、
新聞は読まなかったが
雑誌は読み、
雑誌は読まなかったが
本は読み、
本は読まなかったが
新聞は読み、
新聞は読まなかったが
雑誌は読み、
新聞は読まなかったが
雑誌は読み、
雑誌は読まなかったが
本は読んだ。

（3）来週までに掃除せよ――マデとマデニ

まず次の例を見ていただきたい。

外から店へ帰って来てみると、留守中に保健所員が衛生検査に来て、二匹いる飼いネコをこんど自分が来るまで始末しておけと言ったそうだ。まるで戦前の憲兵を思い出す。（『朝日新聞』一九七一年二月七日朝刊「声」欄）

この文の筆者は、次の二通りの意味のどちらを表現したかったのであろうか。

Ⓐ保健所員が次回にまた訪ねてくるから、そのときには既にネコが始末されてしまっているようにせよ、と言われた。

Ⓑ保健所員が次回にまた訪ねてくるが、今からそのときまでの間だけ始末しておき、以後はまたネコを元通りに置け、と言われた。

小学生の国語の問題みたいだが、筆者はもちろんⒶを表現したかったのだろう。しかしこの文章ではⒷになってしまう。文法的に全く逆になるのだ。筆者は「来るまでに始末……」と書けばよかったのである。

はずだ。

これは一体、最近のことなのだろうか。こういう人々は次の二つの文章の違いも区別がつかない

「マデ」と「マデニ」の区別。この大変な違いのわからないオトナが案外たくさんいるようだ。

Ⓒ来週までに掃除せよ。

Ⓓ来週まで掃除せよ。

Ⓒは一週間の余裕をもってその間に一度掃除すればいいが、Ⓓはなにか刑罰みたいに一週間掃除しつづけることを意味する。

官庁の文書にもこのひどい間違いは目につく。——

ご記入いただきましたアンケート用紙は、同封の返送用封筒をご使用の上、恐れ入りますが、12月24日までご投函下さるようお願い致します。（建設省住宅局の調査票・一九八〇年）

右によれば、記入したアンケート用紙は一二月二四日まで毎日ポストに入れつづけることになる。いや「毎日」かどうかわからないから、何十枚もの用紙を不眠不休でドンドン入れつづけることか。これは「……二四日までに……」としなければ意味をなさない。

限定の範囲の異なる助詞の使用法を誤ると、このようにたった一字で論理の重大な食い違いを生ずるので注意されたい。久野暲氏はマデ・マデニ・マデデの三つを次の好例によって区別して

いる（『日本文法研究』）。

列車ガ名古屋ニ着ク〈マデ／マデニ／マデデ〉雑誌ヲ読ムノヲヤメタ。

マデは動作の継続をあらわす動詞を必要とするから「読ムノヲヤメタ」は「読むのをさしひかえ続けた」の意味、マデニはある動作が行われる最終期限（締め切り）をあらわすから「名古屋に着く以前に読むのをやめた」の意味、マデデは何かをある点までし続けて、その点で終了することをあらわすから「名古屋に着くまで読み続け、着いたときにやめた」意味となる。もうひとつ「マデハ」を加えてみると、ハという限定の助詞によって「名古屋に着くまでの間は読まなかったが、そのあとから読んだ」（または「少なくとも名古屋までの間は読まなかった。そのあとは別として」）となろう。

奥津敬一郎氏は「マデニ」を「マデ」と「ニ」の二つの助詞にわけて次のように論じている。

(A)夏休ミノ間｜　論文ヲ書イタ

(B)夏休ミノ間ニ｜　論文ヲ　書イタ

(A)の「書イタ」という動作は継続的で、夏休みの間続いたのであり、(B)では瞬間的であって、夏休みの始めから終りまでの間の或る時点で「書ク」という動作が終ったことを示す。つまり「夏休ミノ間」は期間を表わし、「夏休ミノ間ニ」は時点を示すのであり、このちがいは期間を表わす名詞「夏休ミノ間」に、助詞「ニ」がつくか、つかないかによって決まるのである。そしてこの「ニ」は「八月一五日ニ」「一九六六年ニ」の「ニ」と同様、時点を示す助詞と考えられる。『一九六六年』の様な語は、文法的観点からは時点の名詞であろうが、物理的にはかなり長い期間を示す。にも拘らず、とにかく「ニ」をとって時点を表わす。これに対して「夏休ミノ間」というのは文法的にも物理的にも二か月とか三か月の期間を示すのであるが、これが助詞「ニ」をとることによって夏休み中の或る時点を示すことになるのである。

こう考えてみると、すでに見た様に、「マデ」は期間の名詞表現を作るのであるから、助詞「ニ」をとって、その期間中の或る時点を示すことができそうである。（中略）「マデニ」は、「マデ」と「ニ」に分けられ、順序の助詞「マデ」（または「カラ」と「マデ」）によって作られた集合や量的表現の或る点（時点、地点、人数など）を格助詞「ニ」によって示す。（『日本語教育』第九号・一九六六年一二月）

（4）少し脱線するが……——接続助詞の「ガ」

「佐藤栄作氏がノーベル平和賞を受けたが、多くの人は嘲笑と皮肉で応じた」というときの「受けたが」は、「受けたけれども」とか「受けたにもかかわらず」という意味である。しかしこのような意味の接続助詞「が」は、たとえば平安時代の中ごろにはまだなかったらしい。有名な例は源氏物語の冒頭であろう。——

いづれの御時にか。女御・更衣あまたさぶらひ給ひけるなかに、いと、やむごとなき際にはあらぬが、すぐれて時めき給ふありけり。（山岸徳平校注「日本古典文学大系14」岩波書店）

右の「あらぬが」のガは、接続助詞ではなくて格助詞である。だから口語訳は「貴い身分ではないけれども」ではなく、「貴い身分ではない方で」としなければならない。（これを山岸氏は格助詞の中の指定格に所属するものとし、「物で・物にて・物にして」に相当する機能を示しており、「物」の代わりに「人・事・様」など適当な名詞が考慮さるべきことを解説している。）

そのような格助詞から現代の接続助詞が派生してきたわけだけれども、しかし現代の接続助詞「ガ」は、決してケレドモやニモカカワラズといった逆接条件だけに使われているのではない。これが問題なのである。例文をあげよう。

豚肉の自由化に当って、農林省は、安い外国産品から、国内産品との差額を関税として取り立て、結局、安い豚肉は国民の手にはいらないことになるという話。その間、経企庁もペテンにかけられたというのですが、こうした役人のいい加減な国民無視の行政態度の責任はきびしく追及されてしかるべきだと思いますが、大蔵省理財局長時代に、硬骨漢として知られた、あなたのご意見をうかがいたい。（『週刊新潮』一九七一年九月二五日号）

これは会話体だが、普通の文章でもこの種の「ガ」がよく現れる。「ペテンにかけられたというのですが」と「しかるべきだと思いますが」の接続助詞「が」は、どういう役割なのだろうか。

すこし脱線するが、――と書いて、はてこの「が」は何かと思う。* ケレドモと言いかえることはできるが、決してニモカカワラズやシカシのような明確な逆接条件ではない。これも問題の「が」であろう。私はいま気軽に「すこし脱線するが」と書いたけれども、これは「すこし脱線する。」と文を切るべきではなかったか。その方がはっきりする。それならなぜそれに「が」をつけたのか。では、もう一度もとにもどって――

すこし脱線する。このような「が」について私が最初に教えられたのは、第一章でも引用した清水幾太郎氏の『論文の書き方』である。新聞記者になりたてのころ、北海道でこの本を読んで、この「が」を論じたところにとくに感心した。学生のころ自分が書いた論文や紀行文をかえりみて、この種の「が」が特別多くはなかったことに安堵するとともに、今後は意識的になくそうと思ったものだ。それでも油断していると、いま「すこし脱線するが」とやってしまったように、つい顔を出したがる。清水氏の本から一部を引用しよう。——

(「が」の用法には)反対でもなく、因果関係でもなく、「そして」という程度の、ただ二つの句を繋ぐだけの、無色透明の使い方がある。(中略)前の句と後の句との単なる並列乃至無関係が「が」で示されているのであるから、「が」は一切の関係或は無関係を言い現わすことが出来るわけで、「が」で結びつけることの出来ない二つの句を探し出すことの方が困難であろう。二つの句の関係がプラスであろうと、マイナスであろうと、ゼロであろうと、「が」は平然と通用する。「彼は大いに勉強したが、落第した。」とも書けるし、「彼は大いに勉強したが、合格した。」とも書けるのである。「が」という接続助詞は便利である。一つの「が」を持っていれば、どんな文章でも楽に書ける。しかし、私は、文章の勉強は、この重宝な「が」を警戒するところから始まるものと信じている。(中略)眼の前の様子も自分の気持も、これを、分析したり、また、分析された諸要素間に具体的関係を設定したりせずに、ただ眼に入るもの、心に浮かぶものを便利な「が」で繋いで行けば、それなりに滑かな表現が生まれるもので、無規定的直接性の本質であるチグハグも曖昧も表面に出ずに、いかにも筋道の通っているような文章が書けるものである。なまじ、一歩踏み込んで、分析をやったり、「のに」や「ので」という関係を発見乃至設定しようとなると、苦しみが増すばかりで、シドロモドロになることが多い。踏み込まない方が、文章は楽に書ける。それだけに、「が」の誘惑は常に私たちから離れないのである。

さきの『週刊新潮』の例文で考えてみよう。「経企庁もペテンにかけられたというのですが」は、「……ペテンにかけられたといわれています」で切ればいいし、次の「きびしく追及されてしかるべきだと思いますが」は「……しかるべきではないでしょうか」とでもすればよい。

もちろん、このような「が」は片端からそこで文を切れと言っているのではない。もし意味がわかりやすいのであれば、いくらでもつないでいけばいいだろう。この種の「が」を使われたとき困るのは、読者がここで思考の流れを一瞬乱されるからなのだ。「が」ときたら、それでは次は逆接かな、と深層心理で思ったりするが、それはあとまで読まないとわからない。それだけ文章はわかりにくくなる。これが対話として語っているときだと、文章になったときほどわかりにくくはないだろう。抑揚や表情その他が補ってくれる。しかし作文のときには、よほど注意しないと意味のわかりにくい文章の原因になりやすい。

再び強調しよう。決してこれは「日本語」のせいではない。かつてはなかった用法なのだ。こういう使い方をはびこらせた「使い手」(自戒の意味もこめて)の責任である。*むろん、わざと文章をわかりにくくし、あいまいにすることを目的とする場合には、これは実に便利な助詞だ。

しかしそれは本稿の目的ではない。

(5) サルとイヌとネコとがけんかした——並列の助詞

たとえば、「クジラ・ウシ・ウマ・サル・アザラシは哺乳類の仲間である」というとき、アングル語などは「クジラ・ウシ……and アザラシは……」という並べ方をする。つまり and は最後のひとつにつけ、あとはコンマで並べていく。ところが翻訳でもこれと全く同じ調子で「クジラ、ウシ、……そしてアザラシは……」としている無神経な著述家がある。だがこの表現は、日本語のシンタックス（統語法）にはなじまないものだ。この場合も正しい日本語にそのまま置きかえるなら、反対に and に当たる助詞を次のように前にもってくるべきであろう。

「クジラやウシ・ウマ……アザラシは……」

同様に「と」「も」「か」「とか」「に」「だの」「やら」「なり」なども、ひとつだけ使う場合は次のように最初の単語につけるのが最もすわりがよい（×印はすわりの悪い方）。

○出席したのは山田と中村・鈴木・高橋の四人だった。
×出席したのは山田・中村・鈴木と高橋の四人だった。

○ヘビもトカゲ・カメ・ヤモリ・スッポンも爬虫類だ。
×ヘビ・トカゲ・カメ・ヤモリもスッポンも爬虫類だ。

○黒水引の袋には「御霊前」とか「御香典」・「御仏前」などと書く。
×黒水引の袋には「御霊前」・「御香典」とか「御仏前」などと書く。

○雨か雪・霙《みぞれ》・霰《あられ》・雹《ひょう》かはそのときの気象条件による。
×雨・雪・霙・霰か雹かはそのときの気象条件による。

○花子に鹿子・時子・節子・晃子の五人が見舞いに来た。
×花子・鹿子・時子・節子に晃子の五人が見舞いに来た。

右の中で「も」と「か」は全体の最後にも「も」「か」をつけないとおかしい。この点は「と」もその傾向があり、論理的にはむしろ「と」をつける方がよいことが多い。

Ⓐイヌとネコとサルがけんかした。
Ⓑイヌとネコとサルとがけんかした。

この二例ではⒷの方がより論理的である。なぜならⒶだと「イヌとネコ」とサルがけんかした、つまりサルがイヌとネコの同盟軍とけんかしたととれないこともないが、Ⓑなら三者入り乱れてのけんかであることが明白だ。もっともⒶでイヌとネコの同盟軍であることを「と」によってハッキリさせるなら——

サルと、イヌとネコととがけんかした。

と二重に「と」を使うことも可能である。

以上にのべたような特徴は、アングル語などが前置詞的言語であるのと反対に日本語が後置詞的言語であることと深く関連するようだ。たとえば久野暲氏の次の指摘が参考になろう。

英語の並列接続詞 and は、その後に来る要素と続けて発音されるが、日本語の並列接続助詞は、その前に来る要素と続けて発音される。

○John and-Mary
×John-and Mary

○John is stupid and-slow.
×John is stupid-and slow.

×太郎　ト花子
○太郎ト　花子

×ジョンハバカダ、シノロマダ。
○ジョンハバカダシ、ノロマダ。

日本語の後置詞性は、日本語がＳＯＶ語であることと何か深い関係があるに違いない。Greenbergは、世界の言語にあてはまる普遍的特徴として、ＳＯＶを正常の語順とする言語の大部分は後置詞的であると観察している。（『日本文法研究』四ページ）

右の**SOV語**とは、語順として目的語（Ｏ）が動詞（Ｖ）の前に現れる言語のことである。ペルシャ語・インド語・ビルマ語・チベット語・バスク語・ラテン語・朝鮮語・アイヌ語等世界にたいへん多い。反対にＳＶＯ語はアングル語・スペイン語・フランス語・ベトナム語・ロシア語・中国語など、どちらかというと言語帝国主義的な、いわば〝主流〟の体制側言語に多く、こんなことから日本の植民地型知識人の「日本語の特殊な語順」といった無知も出てくるのであろう。なおケルト語はＶＳＯとなる。もしＳ（主語）が存在しない言語ということになれば日本語などはＯＶと表すことになり、問題はＯＶかＶＯかだけになろう。

以上で助詞の用法を一応終わる。日本語の助詞は、このように言葉のわかりやすさ・明晰性・論理性を強める上でたいへん重要な役割をになっている。*日本の義務教育での国語教育・作文教育は、「日本語そのもの」ではなくて「日本語について」の周辺を洗っているだけではなかろうか。助詞の正確な用法は小学校高学年くらいからでも訓練すべきだと思う。中学の文法教育にしても、まだ確定したわけでもない文法を暗記させるより、助詞を正確に使って作文することを訓練する方が本当の生きた国語教育になるだろう。一生使わぬ人も多い他民族語のアングル語などを義務教育の全中学生に義務づけて呻吟させた上、つまらぬ劣等感を植えつける結果をもたらすよりも、私たちの母語としての日本語*こそ義務教育で重点を置くべきではなかろうか。

(6)「助詞の使い方」実践篇

助詞のなかで最も論議のマトにされているのは係助詞「ハ」であろうが、間違った使われかたをしている例が多いのもこれである。間違いは必ずリクツからしておかしい文になっているから、リクツを考えながら書いていれば気づくはずなのだが、それが案外そうでなく、大新聞や文学作品にも「おかしい」例が珍しくない。実例を見よう。

　イスラム社会における暗殺の思想は、他の社会における暗殺のそれのように暗さがない。すなわち暗殺者は「世の不正を正す」という善行とされ、来世における栄華が約束されると考えているからだ。(『朝日新聞』一九八一年一一月一八日夕刊「サダト暗殺の文化的背景」)

右の文中「……暗殺のそれのように暗さがない。」の部分は、これだとイスラム社会も「他の社会」もどちらも「暗さがない」ことになる。これは「……それのようには暗さがない」と、係助詞「ハ」を入れて「ナイ」とセットにしなければ、意味が反対になってしまうのだ。もしハを使いたくなければ、「……それのような暗さ」と、「暗さ」を直接形容させてもよい。

次は新聞記事の大きな見出しである。

武器を運んでいたのか、いないのか
「完全にシロでない」
海保、きょうも調査続行（『サンケイ新聞』一九八二年一月二四日）

これだとリクツとしては「完全に『シロでない』」つまり「シロでは全然ない」と解する方がむしろ自然である。実は本文中では「完全にシロではない」となっていて、これなら「『完全にシロ』ではない」と理解することもできるから、より良いだろう。しかしもっと正確には「完全にはシロではない」とするか、「完全なシロではない」とすべきである。「完全に」とすると「シロ」にも「ない」にもかかるので、次のどちらともとれるのである。

①「完全にシロ」ではない。
②シロでは完全にない。

さきに①の方が「より良い」ものの論理的にはまだ不正確としたのは、②のようにも読めるからにほかならぬ。

次の例も「ハ」なしの意味不明文である。

病院のベッドで三年間の闘病生活を送り、数度にわたる手術を受けたが、右足の機能は完全に回復しなかった。（『北海道新聞』一九八三年八月二六日夕刊「まど」）

これだと右足の機能は「全然回復しなかった」ととる方がリクツとしては自然である。しかしあとの文を読んでみるとどうも「不完全ながら回復した」意味らしい。それなら「完全には回復しなかった」とすべきである。次の例も同様だ。

十九日朝から始まった翌日開票でも期待通りに票は伸びず、谷川氏は「お力添えをいただいたみなさんに大変申し訳ない」と眼鏡奥の目をうるませた。（『朝日新聞』一九八三年一二月一九日夕刊）

この文では「票が伸びない」ことを期待していたことになる。「期待通りには」と「ハ」を入れれば逆に「票が伸びる」ことを期待していたことになるのだが。

つぎにあげる例は、ある教科書にのっていた詩である。五節のうちの最初の一節（六行）だけ引用する。

わたしを束ねないで
あらせいとうの花のように
白い葱《ねぎ》のように
束ねないでください　わたしは稲穂
秋　大地が胸を焦がす
見渡すかぎりの金色《こんじき》の稲穂

この詩だと、「あらせいとうの花」や「白い葱」は、束ねられているのか、いないのか、論理的にはわからない。むしろ論理上は束ねられていないとみる方が自然のはずだ。しかし意味からすると束ねられているのでなければおかしい。この場合「白い葱」は一般の人にとって「束ねられている」というイメージが定着しているから、意味としては「束ねられている」と解釈されようが、「あらせいとうの花」となると、どういう状態になっているのか予備知識のある人は少ないのではなかろうか。だからもしこの詩の中に「白い葱」の例がなくてアラセイトウの例だけだったら、「あらせいとうの花のように束ねないでください」となり、当のアラセイトウは束ねられているのかいないのか一層わかりにくいだろう。「あらせいとうの花のようには」と「ハ」をつければこの混乱は解消する。

この詩は第二節・第三節も同様な「ハなし」がつづくが、たとえば第二節に「高原からきた絵《え》葉書《はがき》」の例があって、その前後は次のようになっている。

わたしを止《と》めないで
標本箱の昆虫のように
高原からきた絵葉書のように
止めないでください……

この場合も「昆虫」なら標本としてピンで止めるイメージが一般化しているが、もし「高原からきた絵葉書」だけだったら、そんなものをピンで止める習慣と無縁の人にとっては、逆に「高原からきた絵葉書は止めてはいけないものなのか」と思ったりするだろう。横に昆虫の例があるから、どうやら絵葉書もピンで止めるものらしいと好意的（？）に解釈するものの、論理としてはこれでは逆にとられても仕方があるまい。この場合もやはり「……昆虫のようには」「……絵葉書のようには」とハをつけて言葉の約束を守らなければ、詩の意味も通じにくくなる。

「詩にまでリクツをこねるな」と叱られそうだが、実は詩だからこそ一層厳密にしてほしいのだ。これが俳句だったらもっと恐ろしい誤解のもとになるだろう。もしハを加えることで詩が破壊されるというのであれば、別の表現を考えなおすべきである。それに、この詩の作者が常に「ハなし」だというのであればともかく、最終の節の中では次のようにハが現れる。

そしておしまいに「さようなら」があったりする手紙のようには
こまめにけりをつけないでください　わたしは終りのない文章

右のように「手紙のようには」とハがここだけついて正確になっている。それならなぜ前の方でハをつけないのだろう。作者は詩的リズムの上からハをつけたりつけなかったりするのだろうか。だが係助詞ハは、そんないいかげんなものではない。日本語の論理の根幹をなす重大な助詞なのだ。これは想像だが、最終の節でハが現れたのは、「おしまいに『さようなら』があったりする手紙」という例を出したとき、初めて「ハなし」では変であることに作者が気づいたからではなかろうか。しかしそれは論理として気づいたのではなく、「なんとなく」無意識の世界で気づいただけなので、それ以前の節の「ハなし」にまで論理が及ばず、しかもそれ以前は「白い葱」や「昆虫」のような定着したイメージのおかげで論理が邪魔されて一層及びにくかったということではなかろうか。

＊

「と」という格助詞がつぎの例のように使われる傾向は、比較的最近になってからではなかろうか。特に調べたわけではないが、一九五〇年代あたりまではなかったような気がする。

初日の開会総会には、日本側二百二十九人、ソ連側二百十四人と、昨年、ハバロフスク市で開かれた第一回会議を約二百人も上回る四百四十三人が出席する盛況ぶりだった。(『朝日新聞』一九八五年六月九日コラム「深海流」)

しかし、議会構成は住宅受け入れ派が十四人と反対派の十人を上回り、富野市長とことごとく対立。議会多数派は昨年五月、それまでの弾薬庫の……(『朝日新聞』一九八六年三月三日夕刊トップ)

これはそれぞれ「……ソ連側二百十四人が出席し……」「……住宅受け入れ派が十四人に達して……」といった言葉が省略されてトで代用しているかたちである。だがこの用法は読み手に負担を強いることになるだろう。前の例だと「……二百人も上回る……」あたりまで読まなければ、トの意味がすぐにはわからない。後の例はもっとひどく、「……十四人と反対派の十人……」のようにテンがないため、このトは「および」の意味にとられかねない。「……上回り」まで読んで「『および』ではない」ことに気づくのである。

こういうトは、話し言葉であれば息つぎや調子によって誤解をふせげもしようが、文章のなかではなるべく避けるほうがいい。

*

つぎの一文は、いわゆるベテラン記者(編集委員)が書いたルポの冒頭である。

マウンテンゴリラの群れに近づいているのは、けもの道に残されたフンからも分かった。それまでいなりずしを盛ったような固いものが、急に水っぽくなってきた。人間の接近に気づいて、神経質になっている証拠だ。ゴリラの足跡を追っていく現地人ガイドの足が止まった。（『朝日新聞』一九八八年四月三日〈日曜版〉新どうぶつ記）

右のなかで「それまでいなりずしを……」とされている「マデ」が問題だ。マデは副助詞だから、あとにくる用言の意味を副詞的に限定する。当然ながら、マデは名詞など体言の修飾はしない。となると、この場合のマデはどこにかかるのだろう。用言としては「盛った」「（水っぽく）なってきた」があるが、まさか「それまで稲荷ズシを盛りつづけてきた」わけではあるまい。意味としては「固いもの」以外には考えられない。「それマデ固いもの」とつづくのである。となれば、マデを受けるには用言でなければならぬから、「固いものが」ではなく「固いものだった、のが」としなければ間違い（非文）であろう。

もうひとつの方法として、マデを体言につけるように「の」を加え、マデノと改造してもよい。そうすれば「それまでの固いものが……」と接続することができる。

いうまでもなく右の二つの方法は、助詞だけについて最小限の改良を考えた場合であるが、ついでにもう少し改良をこころみてみよう。まずマデにハをつけて「それまでは」とし、それ以後との対照をはっきりさせる。さらに「……ような固いものだったのが」の部分を、もっと簡潔に

「……ように固かったのが」とする。そうすると「それまではいなりずしを……」とカナばかりつづいて「漢字とカナ」（分かち書き）の問題が起こるので、「それまでは稲荷《いなり》ずし」「それまでは いなりずしを」「それまではイナリズシを」などと工夫する。結果はつぎのようになる。

「それまでは稲荷《いなり》ずしを盛ったように固かったのが、……」

第七章
段落

段落――つまり行がえ（改行）は、さきのたとえでいうなら組織を集めて身体の小部分をつくることである。たとえば足という「章」は、小指・親指・すね・もも・ひざ・かかと……といった小部分からできている。それは決して「すね・もも・血液……」という構造ではない。血液は、それら組織をめぐって全身をまわる基本単位としての「文」（センテンス）に相当しよう。ということは、段落はかなりのまとまった思想表現の単位であることを意味する。足でいえば、各部分の境の関節が改行である。

いま私は第七章をここで一回改行した。この段落は、ここで思想がひとつ提示されたことを意味している。ここ以外のところで改行してはならない。たとえば「……という構造ではない」で改行して、「血液は、それら組織を……」から次の段落に移ったら、まとまった思想が強引にひきさかれてしまう。関節でないところを強引に曲げたら、骨が折れるであろう。重傷だ。

そう。重傷なのだ。段落のいいかげんな文章は、骨折の重傷を負った欠陥文章といわなければならぬ。改行はそれほど重要な意味をもっているからこそ、ここで章をあらたにして論ずるのである。段落のいいかげんな人は、書こうとしている思想もまたいいかげんで、不正確で、非論理的だとみられても仕方がないであろう。外山滋比古氏は『日本語の論理』という著書で次のように述べている。

たいていの人間は、文章を書くときに、自分はふだん、どれぐらいの長さのパラグラフを書いているか、ほとんど自覚していない。改行をつけるのも、まったくでたらめで、だいぶながくなったからそろそろ改行しようか、などと言って行を変えている。パラグラフの中をどういう構成にするかをはっきり考えたことはほとんどないのだからやむを得ないが、これではよい文章が書きにくいわけである。また、書けた文章がしっかりしない骨なしみたいになる道理である。

まず、基本的文章を読んでパラグラフの感覚を各人がもつように努力することである。書く方でもパラグラフを書く練習がもっと必要であろう。段落の観念がはっきりしないから、文章に展開のおもしろさも生れない。

第四章の一三八ページであげた井伏鱒二氏の例を見よう。これは冒頭の一行「山椒魚は悲しんだ」だけで、もう最初の段落がつけられている。すなわちこの短い文ひとつだけでまとまった思想部分、さきの例なら小指あたりをこれは示しているのだ。ひとつの思想部分を示すのに短いこともあれば長いこともあるのは当然である。「だいぶ長くなったからそろそろ改行しようか」などという馬鹿げた改行は、しようと思ってもできないはずだ。井伏氏の文の場合、次の段落はさきにあげた例文の終わるところ（「……には十分であったのだ。」まで）である。こんどはやや長い。こうして段落を考えながら再読してみれば、最初の一行「山椒魚は悲しんだ」はどうしても改行の必要なこと、行をかえなければならぬことが、あらためて理解されよう。もしこれをつづけてしまったら、まるで小指を切って脛《すね》に移植するようなものだ。改行は必然性をもったものであり、勝手に変更が許されぬ点、マルやテンと少しも変わらない。

ところがわが祖国日本では、編集者にこの知識のある人が残念ながら意外に少ない。どういうわけか小説家の文学作品の場合は、段落を勝手に編集者がいじらぬ常識がけっこうゆきわたっている。詩の行を勝手につなぐことができないのと同じ感覚だろうか。だが、実は小説以上に論文などの方が勝手な改行は許されないのだ。にもかかわらず、筆者に相談もなく、勝手に段落をかえる編集者が多すぎる。しかしそんな横暴がはびこるのも、いいかげんな文章を書く者が多すぎるせいなのかもしれない。「そろそろ改行しようか」くらいの感覚で書いている筆者が多いからこそ編集者も鈍感になってくるのだろう。雑誌などの場合、余白との関係でつい改行でごまかしたくなることが多いが、これは必ず筆者と相談の上でしなければなるまい。

段落がそのようなものであれば、ときには一行で改行することもあるかわり、延々と何ページにもわたって行をかえぬこともあるのは当然である。長い例で有名なのはサルトルの小説『自由への道』だろう。その第三部第二章は、実に一冊の本の半分に当たる量全部がひとつの段落で、つまり一章一段落、改行ゼロである。サルトルはそうしなければならなかったのだ。それが一番彼の思想表現に適していると判断したのである。マルセル＝プルーストなどもたいへん段落の長い文体の例であろう。

私自身、この問題で怒ったり奮闘したりした経験がかなりある。長い段落の例でいうと、ルポルタージュ『極限の民族』第二部「アラビア遊牧民」の最終節「アラビア半島の横断」は、ふつうの本の四ページぶんくらいの長さだが、改行がひとつもない。最初このルポが新聞で連載されたときは、この節全体を一回ぶんとして圧縮し、原稿用紙（四〇〇字）で四枚ていどだったが、やはり改行が全くなかった。ところが、この原稿を見た整理部（せまい意味の編集係。見出しなどをつけるところ）の担当者が、どこか二～三ヵ所で行がえをしてくれと、社会部の担当デスク（次長）を通じて言ってきた。私はもちろんことわった。だが、こうなると整理部もメンツの問題だ。こんな原稿は『朝日新聞』の有史以来前例がないという。私はべつにサルトルをまねたわけでは全くなく、このルポを読んだ人はわかってくれると思うのだが、広大なアラビア半島を横断するときの文章として私にはこれが最も適した段落の方法であった。「有史以来」の前例など関係ない。それは私の思想表現の手段であり、文体だったのだ。しかし単なるヒラ記者では、このとき自分の主張を貫く権力はない。論理よりもメンツが優先した。（のちに本にするとき私はすべての改行を復元してつないだ上、もっと文章を加えて長くした。）

別の例では、雑誌に発表した論文や随筆などを集めてある雑文集を出したときのことだ。その中に「メモから原稿まで」という一文があった。本が出て見たら仰天してしまった。いたるところ勝手に改行されているではないか。たとえば冒頭の部分は次のように改悪されていた。——

小学生の上級から中学にかけて、私はマンガを描くことに熱中したことがあります。そのとき痛感したのは、描くための最も初歩的な知識の書いてあるような「マンガの教科書」がないことでした。

鉛筆やペンはどんなものがいいのか。紙は？ 色の使い方は？ 墨は？……。ですから、マンガの原稿は実際の大きさよりもかなり大きく描かれるなんてことも知らず、細かなところを実物大に苦心して描いたりしました。このごろはマンガや動画・劇画の大発展のせいか、マンガの描き方に類する良い本も出ています。

ところで梅棹忠夫氏の『知的生産の技術』（岩波新書）もいっているように、「良い文章」を書くための本、文章読本、つづり方教室の類はたくさんありますが、原稿そのものの技術についての本は、あまり見かけません。

これは私がかつてマンガを描くときに感じたことが、文章の世界では今もなお現実であり、マンガ以下だということなのでしょうか。

メモ以前のことについては他の巻の技術講座（講座『探検と冒険』朝日新聞社）で説明されるはずですから、ここでは……（以下略）

右の例文の中に改行は四ヵ所ある。しかし原文では二ヵ所しかなかった。したがって他の二ヵ所は編集者による横暴の結果だ。どの改行がそれに当たるかは、賢明な読者はすぐ気付かれるであろう。

小説家の、とくに流行作家の中には、まるで一センテンスごとに片端から改行する人がある。マルをうてばすぐ改行だ。印刷された紙面をみると、こういう文章は隙間《すきま》だらけになる。これもなるほど一種の文体ではあろう。ポルノ小説やハードボイルド小説などはこの方が雰囲気が出るのかもしれない。「一枚いくら」で売るときの原稿料かせぎだという噂もある。隙間だらけで枚数がはかどるから。しかし普通の論文や報告など、多少とも主張をもった文章を書く場合、こういうことはほとんど考えられない。こんなことをしていたら、本当に改行したいようなときはどうするのだろうかとも思う。

段落の意味が以上のようなものであることを理解すれば、どこで改行すべきかはおのずから明らかであろう。もし改行すべきかどうか自分でわからないとすれば、それはもはや論理的な文章を書いていないということである。まとまった指・まとまった脛・まとまった腿《もも》が、関節によってしっかり結びつけられてゆくのでなければ立派な足にはならない。

長い文章や単行本だと、次に来るのが「章」である。また人体にたとえれば、これは足・腹・頭といった大きな部分だ。これについてはもはや多言を必要としないだろう。人体という全思想を形成するための大きな構想である。自分の例でいえば、ひとつのルポルタージュなり長篇論文なりを書くときは、まず目次を作るつもりでおおざっぱに章を立ててみる。多くは一章あたりたいていは一枚のカードを用意し、各章でどんなことを書くかを、そのカードに思いつくままメモしておく。単行本一冊になるほどの長いルポの場合、取材が一応すんだと思われる時点でこの

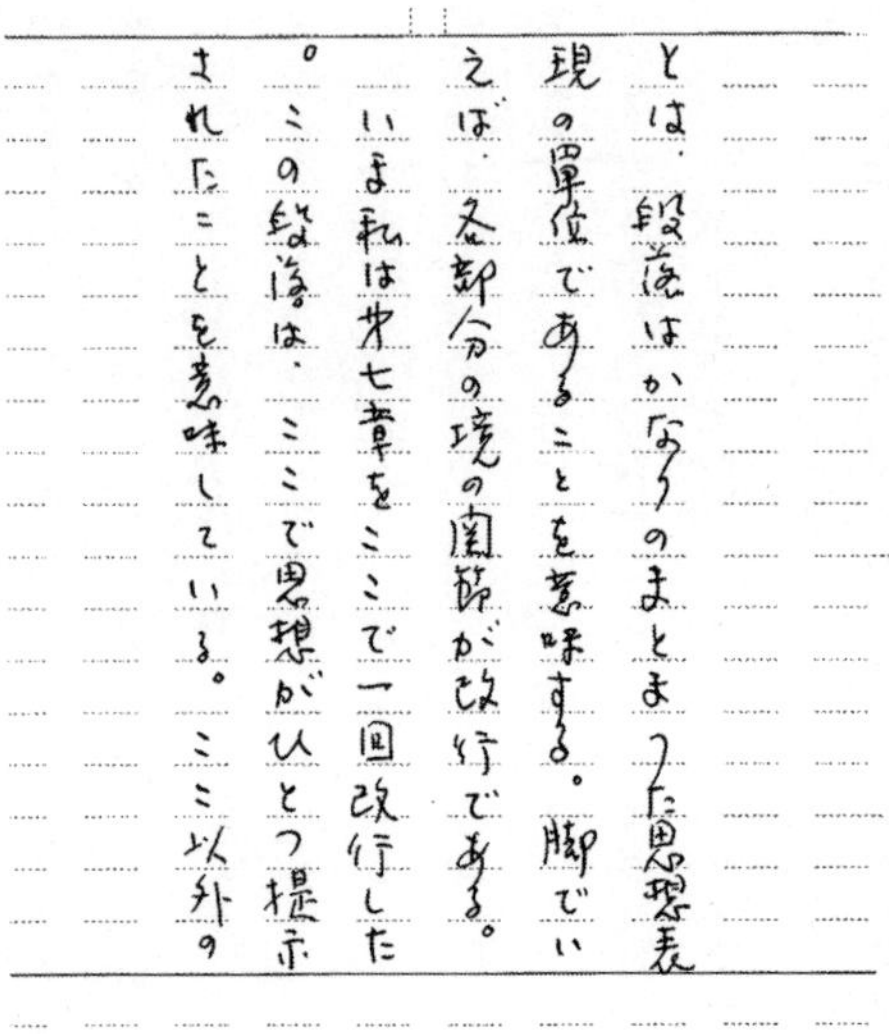
とは、段落はかなりのまとまった思想表
現の単位であることを意味する。脚でい
えば、各部分の境の関節が改行である。
いま私は第七章をここで一回改行した
。この段落は、ここで思想がひとつ提示
されたことを意味している。ここ以外の

作業をやってみると全体の見通しが立てられる。その結果まだ取材不足のものがあればもう一度取材にかかる。

段落の重要性を認識すれば原稿の書き方にも配慮が必要になってくる。行の途中で文が終わって改行するときはよろしい。そうではなくて次のような場合はどうだろう。

上図の実例は、この第七章「段落」のはじめの部分である（二七〇ページ）。この改行を見ていただきたい。「……改行である。」は行のちょうど終わりにきている。したがって改行であるかどうかを植字工（あるいはパンチャー）が見て判定する手段は、次の「いま私……」で一字さがっていること、それだけしかない。すなわち、ふつうは改行を示す手段として、実は二重の手が使われているのだ。行の途中で終わることと、次の冒頭を一字さげることとと。しかしこの例では、改行の標識としてその半分しか用をなしていない。となると、植字労働者がまちがえないように完全標識にして渡せばミスが防止されやすい。実は、私のこの原稿が雑誌に発表されたときそのようにまちがえられていたのである。ゲラ刷りで発見して直したから、本になったときは訂正されている。こうした場合には段落の最後の一字か二字ぶんくらいを削って次の行に移せばよい。わざわざ一行ふやして完全標識にするわけだ。原則として私はこれをやっているのだけれど、この時は忘れていた。

この実例ではもうひとつのミス防止措置が必要である。改行して一行目の最後「……一回改行した。」を見よう。ここでマルが一字分ハミ出しているために、次の行におくられて、二行目のアタマがマルから始まっている。このような原稿をよく見かけるが、これにはかなり問題がある。ぶざまだというわけではない。まず、ここで字が一字ぶん下がっているために、眼の悪い植字労働者などは、つい改行と見あやまる怖れがあるのだ。ゴミのような小さいマルを書く人のものならなおさらである。もうひとつは、マルが次の行にあるために拾い忘れて、文が切れずにつづいてしまうことがある。これはテンについても同様だ。したがってハミだしのテンやマルは次の行へおくらずに、原稿の下へそのままチョウチンとしてぶらさげる方がよい。私は「ぶらさげる」というほど下へもってゆかず、原稿用紙のマスメの線のすぐ下か、あるいは線に重ねてうつ。そうしておいて、なおも「ここにマル（テン）がありますよ」と注意をうながす意味で、これを「く」印でかこって目立たせる。

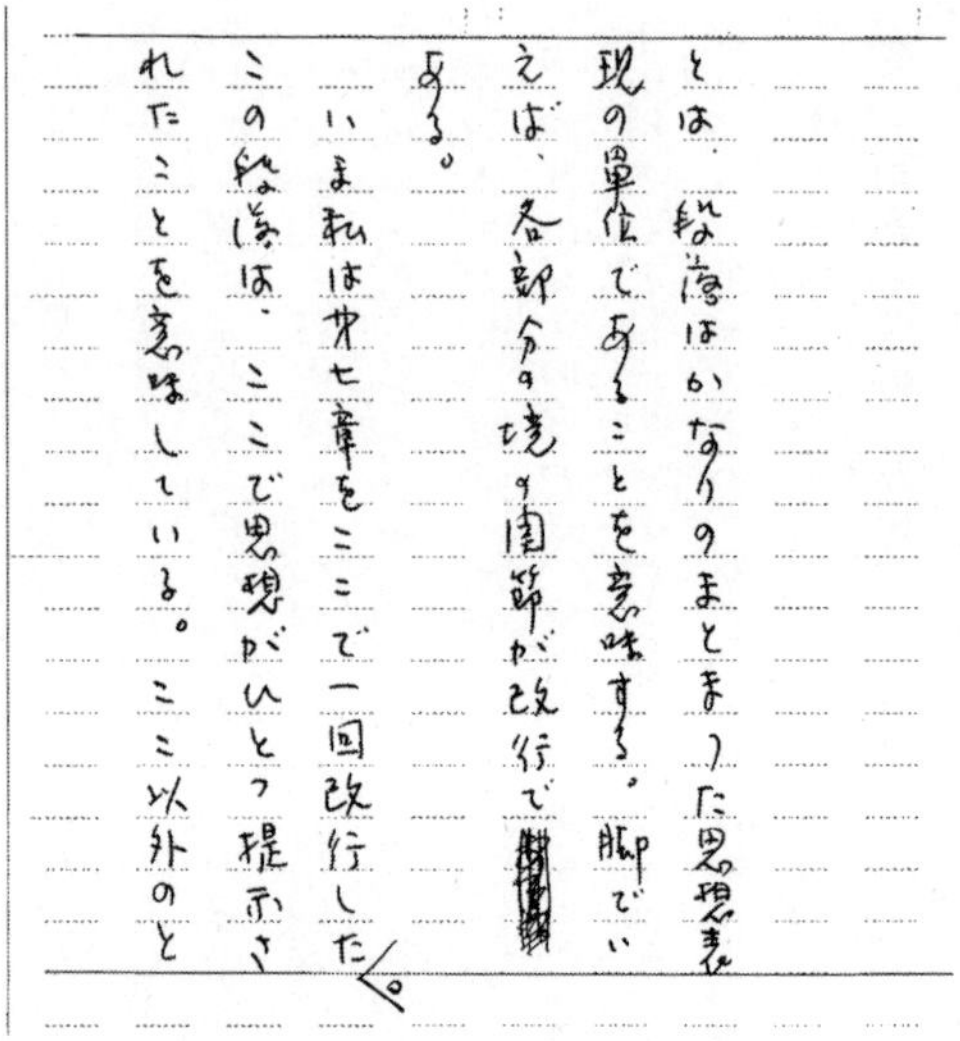
とは、段落はかなりのまとまった思想表現の単位であることを意味する。脚でいえば、各部分の境の関節が改行である。
いま私は第七章をここで一回改行した。この段落は、ここで思想がひとつ提示されたことを意味している。ここ以外のと

これら二つのミス防止措置をさきの実例に加えると、原稿は上のように改良される。行の最後がマルになる場合にこのようにして次の行へ一字か二字おくる作業は、行の最後がチョウチンになる場合もむろん同様である。

以上に述べたような原稿のための作業は、べつに一般原則として文筆家がやっているわけでは決してない。一般的にはここまで気をつかう筆者は少ないかもしれない。しかし段落というものの重要性をほんとうに認識していれば、もし間違えられては大変と心配する結果、こうしたミス防止措置を考えざるをえなくなるだろう。

あとがき

本多勝一

本書ができるまでの経過を簡略に説明します。

一九七四年の秋、東京・新宿の「朝日カルチャーセンター」という市民講座で、文章論について一週一回二時間ずつ八回の講義を担当しました。そのときの記録にいくぶん手を加えた上で、月刊誌『言語』（大修館書店）に一九七五年から翌年にかけて連載し、さらに修正・加筆して単行本『日本語の作文技術』（朝日新聞社・一九七六年）を刊行しました。これが朝日文庫（一九八二年）になるときまた一部修正したので、単行本は第23刷をもって絶版になりました。

その一二年後の一九九四年、同じ朝日文庫で『実戦・日本語の作文技術』が刊行されましたが、これは前著の応用・追試・検証ですから、特に新しい原理をもちだすものではありません。そして「本多勝一集」第19巻での『日本語の作文技術』（朝日新聞社・一九九六年）は、文庫版のこの両者を統合した内容です。

いっぽう文庫版の『日本語の作文技術』は毎年増刷されて、二〇〇五年春には第35刷になっているものの、二十余年前の文庫版なので最近の文庫版より活字が小さく、かねてから大きな活字による単行本を望む声が、とりわけ中高年層からありました。それにお答えするかたちで刊行することになったのが本書です。内容は右の本多勝一集版を母体にし、一般には不要と思われる資料的部分は略しました。なおより簡略にした『中学生からの作文技術』（二〇〇四年）も朝日選書の一冊として出ています。

また本多勝一集版ですと、このあとさらに第八章（無神経な文章）、第九章（リズムと文体）、第一〇章（文章改良の実例として）、第一一章（作文「技術」の次に）、付録（メモから原稿まで等）のほか、日本語をめぐる情況への論評などもありますが、これらは「技術」というよりも文章論や批評に類する内容なので、本書には収録しませんでした。

おわりに、こうした技術を練り上げるにさいして陰に陽にご協力あるいはご教示・激励・叱咤して下さった多くの方々に、あらためて感謝したいと存じます。ありがとうございました。

（二〇〇五年七月六日　信州・伊那谷にて）

註

〔敬称略〕

第一章　なぜ作文の「技術」か

19P＊　ここで「言葉の芸術としての文学は、作文技術的センスの世界とは全く次元を異にする」といったのは、たとえば植物図鑑の図と、絵画としての描かれた植物との違いに似た意味であって、マチスが「前衛的」に花を描くセンスと、植物学者が新種の植物を正確に図にするセンスとは全く次元が異なるようなものである。現代詩や俳句はもちろん現代小説にもその意味での「前衛的」なものがよくあり、それは谷崎潤一郎などが「文章に実用的と芸術的との区別はない」（『文章読本』）という場合とは意味が違う。散文に限っても、これはやはり次元を異にする。（もっとも「前衛的試み」を退廃として排除するとなると、また別の次元の問題になるが）。

20P＊　「エスキモー」は最近のカナダでは差別語とされ、「イニュイ民族」と呼んでいるが、この問題は単純ではなく、アラスカでは「イニュイ」とは自称しない。これについては『本多勝一集・第26巻＝アイヌ民族』（朝日新聞社）収録の拙文「エスキモーかイヌイかイニュイットかイニュイか」参照。

24P＊　「生活語」という言葉は藤原与一氏の提唱による。本書の母体にあたる『本多勝一集・第19巻＝日本語の作文技術』（朝日新聞社）収録の「『日本語類語大辞典』の編纂を」で詳述。

26P＊　**アングル語**　イングランドで使われてきた一民族語が、合州国の経済的・軍事的世界支配〈グローバリズム〉と同時に言語支配の道具にされていることと、非「英語」民族にとって圧倒的に不利・不公平・差別であることなどから、これを「英語」という一種別格的呼称としていることを反省し、ドイツ語・中国語・フランス語・日本語などと同じくもともとの民族語のままとする。なお真の国際語（地球語）たるエスペラントだとangla lingvoである。

29P＊　世界の諸言語の語順を日本語の立場から比

較検討した論文に、和田祐一「統辞類型論」および「現代諸言語の類型的とらえ方」(いずれも『季刊人類学』第一巻四号・一九七〇年)がある。

29P＊＊　「母語」のことを「母国語」という人が多いが、これは全く誤っているばかりか、ときには実体と正反対の概念をあらわすことにもなりかねない。たとえばアイヌ民族の老人の中には、アイヌ語を「母語」として育った人が今なおいるが、この場合のアイヌ語は決して「母国語」ではなかった。アメリカ合州国のプエブロ民族にはプエブロ語以外に話せない老人が多いが、彼らの母語はプエブロ語であって、〝母国〟の公用語すなわちアングル語(いわゆる「英語」)では断じてない。「母語」と「母国語」とが同一である人々(多くの日本人・多くの韓国人・多くのドイツ人など)も多いが、両者は完全に別の言葉であって、ときには「対極をなす」(田中克彦『言語の思想』)ほど互いに隔絶している。

第二章　修飾する側とされる側

42P＊　**修飾語**　のちにも述べるような理由で、本書では文法になるべく深入りしたくないけれど、最小限の言葉の定義はせざるをえない。ここでいう修飾語とは、いまの学校文法で主流を占めている狭義の「修飾語」ではなく、きわめて広い意味の「かかる文節」(「うける文節」の対)と考えていただきたい。補語・補足語・補足部などとしてもよい。いわゆる「主語」も連用修飾語の一種とみる。したがって述語(述部)にかかるすべての単語や文節・連文節等は修飾語ということになる。たとえば本書の「あとがき」の最初から二行目に出てくる「一九七四年の秋、東京・新宿の……」以下の一文は、「担当しました」という述語に次のような五つの修飾語がかかっている。

一九七四年の秋、
東京・新宿の「朝日カルチャーセンター」という市民講座で
文章論について
一週1回二時間ずつ
八回の講義を
担当しました。

この場合、「私は」(題目語)が略されているが、これを加えれば六つの修飾語になる。

52P＊ **述語** いわゆる「主語」と対をなして輸入されたこの用語自体にも再検討の余地があろうが、本書では一応そのまま使う。

63P＊ だが、文法は本当に「理屈ではなくて了解」だろうか。もちろん文法はコトバよりあとにできた整理棚にすぎないが、だからこそ文法は逆に「了解ではなくて理屈」ともいえるのではなかろうか。コトバは了解、文法は理屈ではなかろうか。

63P＊＊ これらの私の指摘について小泉保氏は『文学』一九八一年九月号で「積み重ね」と見るか「並列」と見るかの立場の違いとして解説されている。はたしてそうだろうか。

第三章 修飾の順序

82P＊ 佐伯哲夫氏の『現代日本語の語順』は「ながい補語はなぜみじかい補語のまえにくるのであろうか」として次の二点を理由に挙げている。

(イ) ながい補語、とくにそれが動詞をおおくふくむばあい、それがあとにまわると、かかり・うけの関係がまぎらわしくなる。それをふせごうという意識がかきてにはたらくため。

(ロ) 接続語以外のかかり成分は、それがながくなるにつれて性格的に接続語にちかづく。自然にしたがおうという意識がかきてにはたらくため。

また同書は、語順の推計学的調査の結果として宮島達夫氏の報告を次のように引用している。

宮島達夫は「助詞・助動詞の用法」(『現代雑誌九十種の用語用字三分析』昭三九)で次のように述べた。

《構文論的なはたらき以外に語順に影響する条件、当面の目的にとっていわば不純な条件としては、つぎの三つをみとめた。

（1）かかりの長さがちがうこと。（長いものほど前になりがち）長さの計算は文節の数による。
（2）前をうける指示語をふくむこと。（これをふくむものほど前になりがち）場面に関係する指示語は別。
（3）係助詞をふくむこと。（これをふくむものほど前になりがち）
これらの条件は、語順が構文論的な条件によって規定される度合が少ないばあいほど、つよくはたらくものと思われる。かかりの長さがひびいている例として、「を（対象）」と「へ（空間的到達点）」とのばあいをあげよう。総計では「を」が前のもの二五、「へ」が前のもの二三であるが、この中から長さのちがうものだけをしらべると、〔25・1〕のようになる。ここから、危険率〇・一%以下で、長いものが前にくる傾向がある、といえる。》（原文横書き）

表〔25・1〕の引用はしないが、ともかく宮島のこの推計学的操作の結果から（1）の、文節数でかぞえて長いかかり成分の方が前にくるという現象は広く一般に生起するものであることが類推されるのである。

83P＊ 第三章の冒頭にあげた例文のなかで、誤解の少ない語順としてBとCをあげた（71ページ）が、この二例について「長短の原則」を適用してみると、B（白い厚手の）よりC（厚手の白い）の方が一音節の差で「より良い」（ベター）であろう。たとえば「白い」を「紫色の」と変えてみると、こんどは三音節の差でB（紫色の厚手の）がベターとなろう。

93P＊ 林暢夫氏の指摘については、くわしくは本多勝一「日本語の作文技術をめぐって」（『言語』一九七七年四月号）で紹介した。

第四章 句読点のうちかた

145P＊ この場合「である」だけで「述語」といいうるか——といった問題は詮索しない。共通因子として統括できればよい。

150P＊ いうまでもなく「この二大原則のほか

に重大な原則はない」と断言することは今のところまだできない。さらに究明して、もし見つかれば加えてゆきたい。

第五章　漢字とカナの心理

196P＊　国字としての漢字とカナの問題について具体性のある一例は、鈴木孝夫氏の『閉された言語・日本語の世界』（とくに第二章「文字と言語の関係」）であろう。しかし日本語の文明論的解釈の部分（第四章）などにはかなり問題があるようだ。三浦つとむ氏の『日本語の文法』は弁証法の立場から鈴木氏の機能主義を強く批判している。次の章で紹介する三上章氏についても、三浦氏は「形式主義者」として批判している。また田中克彦氏の「日本語の現状況」（『文学』一九八一年一〇月号）は、鈴木氏のこの本のまさに具体的部分の論証方法を批判している。

203P＊　本書でも47ページ後から6行目の「どうやら」のあとなど数ヵ所でこの方法を使った。

206P＊　このように「偉い人」と書かずに「エライヒト」とカタカナで表記する用法は、実は偉いと思っていないときに「からかい」の意味で使われる。週刊誌などがよく「〇〇サン」とカタカナで敬称をつけるのも同様だが、あんまりこれを使うと下品になり、書いている当人の品もおちる。

第六章　助詞の使い方

229P＊　「ハ」と「ガ」についてさまざまな用法を整理した研究として、私の見たせまい範囲では久野暲『日本文法研究』がたいへん参考になったが、ここでは「ハ」の題目（主題）としての用法に問題点をしぼった。また川本茂雄『ことばとこころ』の「『が』と『は』の対比」は、日本語のハの重要な性格について的確に説明している。

236P＊　これについては北原保雄氏が岩波講座『日本語』の「文の構造」で久野暲氏『日本文法研究』と本多の旧版『日本語の作文技術』と

を批判するかたちで、原則とはいえないことに触れている。(『言語』一九七七年四月号の本多勝一「『日本語の作文技術』をめぐって」の中で北原氏の論稿のこの部分を引用した。のち単行本『貧困なる精神・第7集』=すずさわ書店=に収録。)

244P* 一つの文に主題が一個だけとする久野氏の考え方には、前掲の北原論文で「二個以上もありうる」と反論している。これはさらに検討の余地があるかもしれない。

253P* 接続助詞の「が」の用法について、国立国語研究所報告3『現代語の助詞・助動詞』(永野賢氏担当)は、逆接用法のほかに次の三つを挙げている。

①二つの事がらをならべあげる際の、つなぎの役目をする。共存または時間的推移。

〈例〉男は驚いて、顔を退いたが、「馬鹿! 見損ったらいけない」ぴしゃりと娘の片頬を打った。(『主婦之友』一九五〇年一月号48ページ)

②題目・場面などを持ち出し、その題目についての、またはその場合における事がらの叙述に接続する。そのほか、種々の前おきを表現するに用いる。

〈例〉神西清氏の〝ハピアン説法〟は、苦心推敲の作品であるが、読者のいつわらざる感想がききたい。(『朝日評論』一九五〇年一月号6ページ)

③補充的説明の添加。

〈例〉……吹雪や風塵――これは関東地方で春のはじめによく起るものであるが――も電荷をもつ微粒子が運動するものだから……(『科学朝日』一九四九年五月号36ページ)

255P* 梅棹忠夫氏は接続助詞について、「たしかに論理的にまずい使い方が一般に多い。しかし逆接以外の場合でも、意味的含蓄があってどうしても使いたいことがあるので、全面的に否定するわけにもいかないだろう」と語っている。実は本巻の中にも、逆接以外の接続助詞「が」が数ヵ所で使われている。たとえば――

(イ)以上、かなりくどく実例をあげてきた

が、こうした実験から……（79ページ9行目）
（ロ）まあこういった分析を、もっと徹底的にすすめていったのが「変形生成文法」なのだが、三上章氏は……（２１０ページ後から1行目）
（ハ）このルポを読んだ人はわかってくれると思うのだが、広大な……（２７３ページ８行目）

これらの「が」を使うとき、実は私はかなり迷った。しかし梅棹氏のいうように、これらは逆接でなくとも私は含蓄の上でこの方が「良い文章」だと判断したので使った。２５３ページ＊（右ページ上段参照）での永野氏の「逆接以外の三用法」にあてはめるとすれば、（イ）（ロ）はいずれも②（前置きの表現）に、また（ハ）は③（補充）に相当するだろう。

ともかくしかし、たとえ使うとしても、逆接以外は最小限度の使用におさえるべきであろう。

２５９Ｐ＊　佐久間鼎氏が日本語の優れて論理的な性質を説く（30ページ）のも、重要な根拠の一つを助詞においている。佐久間氏は「かがやく二千六百年へのささやかな贈物」として自著（『現代日本語法の研究』）を出したりしているが、その論拠は決して国粋主義で目がくらんだ結果ばかりでもないようだ。

２６０Ｐ＊　日本語教育を重視するということは、べつに詩作や源氏物語にばかり力を入れよということではない。また方言をほろぼして共通語に統一せよということでもない。これについては本書の母体にあたる『本多勝一集・第19巻＝日本語の作文技術』（朝日新聞社）収録の「日本語をめぐる『国語』的情況」の諸稿参照。

著者略歴

一九三一年、信州・伊那谷に生まれる。『朝日新聞』編集委員を経て、現在『週刊金曜日』編集委員。主な著書に『日本語の作文技術』『実戦・日本語の作文技術』（朝日文庫）、『中学生からの作文技術』（朝日選書）、『旅立ちの記』『極限の民族』『ジャーナリスト』『調べる・聞く・書く』『北洋独航船』『山登りは道草くいながら』『アムンセンとスコット』『ドイツ民主共和国』『ソビエト最後の日々』『非常事態のイラクを行く』『「真珠湾」からイラクまで』『石原慎太郎の人生』（以上、朝日新聞社）、『大江健三郎の人生』（毎日新聞社）などがある。

新装版《しんそうばん》　日本語《にほんご》の作文技術《さくぶんぎじゅつ》

二〇〇五年九月二十日　第一刷発行
二〇〇九年六月二四日　第四刷発行

著者――本多勝一《ほんだかついち》

装幀――坂川栄治

発行者――鈴木　哲

発行所――株式会社　講談社

東京都文京区音羽二丁目一二―二一
郵便番号一一二―八〇〇一

電話　編集　〇三―五三九五―三五四五　販売　〇三―五三九五―三六二二
業務　〇三―五三九五―三六一五

印刷所――慶昌堂印刷株式会社　製本所――株式会社若林製本工場

落丁本・乱丁本は購入書店名を明記のうえ、小社業務部あてにお送りください。
送料小社負担にてお取り替えします。
なお、この本についてのお問い合わせは生活文化局Cあてにお願いいたします。

ISBN4-06-213094-7

定価はカバーに表示してあります。